Über dieses Buch Die von der Autorin entwickelte und seit Jahren mit Erfolg bei behinderten Kindern angewandte Orff-Musiktherapie soll nach den Worten von Carl Orff »dem Gesamtkomplex Orff-Schulwerk ein neues Wirkungsgebiet ausbauen«. Das Buch ist die erste Darstellung der theoretischen Grundlagen und der Praxis mit Fallbeispielen und Bilddokumenten. Die Orff-Musiktherapie ist eine multisensorische Therapie, das heißt, sie kann auch noch da ansetzen, wo ein wichtiges Sinnesorgan ausfällt oder beschädigt ist. Sie kann andere Therapien potenzieren, wenn sie sinnvoll mit ihnen koordiniert wird; sie läßt sich anwenden bei geistigen, körperlichen und Sinnes-Behinderungen, bei Verhaltens-, Entwicklungs- und Kommunikationsstörungen und bei Autismus. Die Orff-Musiktherapie ist aus praktischer Arbeit heraus entwickelt worden und beruht auf langjähriger Zusammenarbeit der Autorin mit Ärzten, Psychologen und Spezialpädagogen des In- und Auslandes.

Die Autorin Gertrud Orff, geboren in München, hat in München und Basel ein Musikstudium und bei Carl Orff ein Kompositionsstudium absolviert. Sie hat am Orff-Schulwerk »Musik für Kinder« mitgearbeitet. Sie ist Verfasserin eigener musikalischer Publikationen. Während eines mehrjährigen Aufenthalts in den Vereinigten Staaten hat sie an mehreren Colleges und Universitäten Seminare durchgeführt. Nach musikpädagogischem Studium und längerem Unterricht mit Kindern beschäftigt sie sich seit 1970 fast ausschließlich mit Musiktherapie und ist auf diesem Gebiet mit mehreren Publikationen hervorgetreten. Sie ist seit Jahren Vorsitzende in der Sektion Bayern der Deutschen Gesellschaft für Musiktherapie und Gründerin und Leiterin der musiktherapeutischen Abteilung am Kinderzentrum München. Sie führt Ausbildungskurse in Musiktherapie im In- und Ausland durch.

Gertrud Orff

Die Orff-Musiktherapie

Aktive Förderung der Entwicklung des Kindes

Mit einem Vorwort von Carl Orff
und mit Bildern von Isolde Ohlbaum

Fischer Taschenbuch Verlag

Geist und Psyche
Herausgegeben von Willi Köhler
Begründet von Nina Kindler 1964

4.–5. Tausend: Juli 1992

Ungekürzte Ausgabe
Veröffentlicht im Fischer Taschenbuch Verlag GmbH,
Frankfurt am Main, Juli 1985
Lizenzausgabe mit freundlicher Genehmigung
der Kindler Verlag GmbH, München

Umschlaggestaltung: Buchholz / Hinsch / Hensinger
Satz: Friedrich Pustet, Regensburg
Druck und Bindung: Clausen & Bosse, Leck
Printed in Germany
ISBN 3-596-42193-4

Inhalt

Vorwort
von Carl Orff

Bei Gertrud Orff trifft pädagogische Naturbegabung mit Wissen um die Dinge zusammen.

Tätig mitarbeitend bei der Entstehung des Werks *Musik für Kinder* kennt sie alle Möglichkeiten dieser Erziehung von Grund auf und ist daher in hervorragender Weise zu der vorliegenden Schrift prädestiniert, die zum ersten Male einen Einblick in ihre höchst persönliche Arbeit auf dem Sondergebiet der angewandten Musiktherapie gibt. Langjährige Zusammenarbeit mit Ärzten, Psychologen und Spezialpädagogen des In- und Auslandes fundierten und ergänzten ihr eigenes Wissen.

Das vorliegende Werk soll dem Gesamtkomplex Orff-Schulwerk ein neues Wirkungsgebiet ausbauen, das, implicite in ihm beschlossen, nunmehr von einem schöpferischen Geist erschlossen wird.

Dießen am Ammersee,
14. März 1974

Dr. Carl Orff

Die praktischen Beispiele der Orff-Musiktherapie stammen aus der Arbeit in den Jahren 1963–73 an folgenden Instituten und Schulen:

Heckscher Nervenklinik für Kinder und Jugendliche, München
EMR (educationally and mentally retarded) classes der Bellflower High-School, Bellflower, California,
Elementary classes je einer Schule in Bellflower und Compton, California
Cité des Enfants, St. Légier, Schweiz
Heimsonderschule Offenstetten, Niederbayern
Kinderzentrum und Forschungsstelle für Soziale Pädiatrie und Jugendmedizin der Universität München.

Diesen Stellen sei herzlich gedankt für die Möglichkeit, in praktischer Arbeit Erfahrungen für die Hilfe des behinderten Kindes zu sammeln, zu erproben und zu entwickeln. Mein Dank gilt hierbei besonders Herrn Prof. Dr. Th. Hellbrügge, dem Leiter des Kinderzentrums. In Zusammenarbeit mit Ärzten und Psychologen und mit den zahlreichen Patienten war es möglich, die Orff-Musiktherapie – Prof. Hellbrügge initiierte den Begriff – bis zu dem heutigen Stand zu entwickeln. Die Fotos dokumentieren die Arbeit an der Klinischen Station des Kinderzentrums München mit Kindern in stationärer und ambulanter Behandlung.

München, Mai 1974 *Gertrud Orff*

1. Standort

Die Orff-Musiktherapie ist eine multisensorische Therapie. Der Einsatz der musikalischen Mittel – phonetisch-rhythmische Sprache, freier und gebundener Rhythmus, Bewegung, Melos in Sprache und Singen, das Handhaben von Instrumenten – ist so gestaltet, daß er alle Sinne anspricht. Durch diese multisensorischen Impulse ist es möglich, auch da noch anzusetzen, wo ein wichtiges Sinnesorgan ausfällt oder geschädigt ist. In spontan-kreativer Zusammenarbeit kann und soll sich das Kind frei äußern, seine Äußerung formen und sozialbezogen anwenden.

Die Orff-Musiktherapie kann andere Therapien potenzieren, wenn sie sinnvoll mit ihnen koordiniert ist. Sie ist anzuwenden bei geistigen, körperlichen und Sinnes-Behinderungen, bei Verhaltens-, Entwicklungs- und Kommunikationsstörungen und bei Autismus. Die Behandlungserfolge sind im allgemeinen ausgezeichnet, bei einzelnen Kindern hervorragend.

Die Orff-Musiktherapie wurde aus praktischer Arbeit entwikkelt. Im folgenden ist ein Einblick in den Prozeß dieser Arbeit gegeben, der noch nicht abgeschlossen ist, aber ein gutes Stück Weg hinter sich hat. Die Experimente von mehr als zehn Jahren intensiver Arbeit mit normalen und behinderten Kindern haben sich zu Modellen entwickelt, aus denen gewisse Prinzipien abgeleitet werden können. Das Buch erhebt nicht den Anspruch, alle Probleme zu lösen und auf alle Fragen Antwort geben zu können. Es sei denen in die Hand gegeben, die medizinisch-therapeutisch mit Kindern arbeiten und denen die Musik hilfreich erscheint zur Förderung entwicklungsgehemmter oder entwicklungsbehinderter Kinder.

Die Griechen haben das Wort Musiktherapie geprägt. Unsere Therapie hält sich an die beiden Begriffe *musiké* und Therapie. Unter *musiké* verstand man eine musische Gesamtdarstellung des Menschen in Wort, Ton und Bewegung. Unser heutiger Begriff Musik versteht darunter nur mehr den Teil, der mit dem Komplex Ton zu tun hat. Unter Therapie verstand man die Wartung, die Pflege und die Heilung eines Kranken.

Einen besonderen Wert unserer Musiktherapie sehe ich in der Möglichkeit der sozialen Einübung. In dem Phänomen Spiel und dem Phänomen akustisches Klima wird Selbstbestätigung, Verständnis für den anderen und soziale Integration erfahren und in ihnen erprobt und gefestigt.

Musiktherapie ist eine alte Therapie, wenn nicht die älteste Therapie überhaupt. Von den Griechen wissen wir, daß sie aktive und passive Musiktherapie unterschieden haben, eine homöopathische (in der gleichen Art) und eine allopathische Anwendungsweise (in fremder Art). Homöopathisch: mit der Behinderungsart, in der gleichen Art behandelnd; allopathisch: gegen die Art, mit entgegengesetzten Mitteln behandelnd. Diese vier grundsätzlichen Begriffe werden heute noch unterschieden und in der Praxis verwandt.

Die poetische Schilderung Platos von Musik und Bewegung in den *Gesetzen* (790 d) schlägt wie von ungefähr die Brücke von Kind zu Kind über Jahrtausende. Für ihn ist die Bewegung bei ganz kleinen Kindern eine Elementarsache, insbesondere erfahrene Bewegung. Er macht klar, »daß jedem Körper Erschütterungen und Bewegungen, denen er ausgesetzt ist, zuträglich sind, wenn sie nicht bis zur Ermattung gehen«. So fordert er auch, um Kinder in den Schlaf zu bringen, Bewegung, nicht Ruhe – Homöopathie also: »Wenn die Mütter ihre Kinder, die keinen Schlaf finden, zum Einschlummern bringen wollen, so wenden sie nicht das Mittel der Ruhe bei ihnen an, sondern im Gegenteil das Mittel der Bewegung, schaukeln sie immerfort in ihren Armen, schweigen dabei nicht, nein, sie trällern irgendein Liedchen und musizieren die Kinder geradezu ein.«

Rezeptive Musiktherapie hat den Begriff *passive Musiktherapie* abgelöst. Rezeptiv wird zu Recht gebraucht: Musik wird aufgenommen, der Patient wird durch Musik beeinflußt. Dies ist ganz wörtlich zu verstehen. Tatsächlich bewirkt die Musik etwas in uns, unser Nervensystem reagiert, ohne daß wir dies bemerken müßten, auf diesen akustisch-geformten Ablauf. Man kann heute mittels eines Polygrafen die Reaktionen einer daran angeschlossenen Versuchsperson aufzeichnen und auf ihm die Einflüsse von Musik ablesen. Im GHR (galvanischer Hautreflex) treten Schwankungen auf, die Herzfrequenz wird beschleunigt, im EEG (Elektro-Encephalogramm) verschwinden mit Musikbeginn α-Wellen mit hoher Amplitude und es treten β-Wellen auf, usw. Zu messen ist dabei die quantitative Beeinflussung, nicht die qualitative. Diese klärt sich erst im Gespräch zwischen Therapeut und Patient. Die Behandlung mit rezeptiver Musiktherapie wirkt sich besonders günstig bei Erwachsenen und hier wiederum in Fällen neurophysiologischer Erkrankungen aus.

In der Anwendung der praktischen, der *aktiven Musiktherapie* finden wir heute vielerlei und konträre Praktiken. Bei einigen überwiegt die Ansicht, daß gemeinsame Singbetätigung, bei anderen, daß das instrumentale Zusammenspiel förderlicher sei. Bei einigen ist eine Überbewertung des Tones im Verhältnis zur Tongestalt, bei anderen ein Übergewicht des nur Rhythmischen zu erkennen. Noch überwiegen Behandlungen mit Erwachsenen.

Bis jetzt, bis zum Jahr 1974, gibt es im deutschen Sprachraum nur die Ausbildungsstätte in Wien. Von Berlin ausgehend hat sich im Spätherbst 1972 die Deutsche Gesellschaft für Musiktherapie gebildet, die sich vor allem der Ausbildung annehmen und das Berufsbild des Musiktherapeuten klar umreißen will. Innerhalb der Musiktherapie zeichnen sich drei Behandlungskomplexe ab: Therapie in der Pädiatrie (Kinder), Therapie für Erwachsene und Therapie in der Geriatrie (alte Menschen).

2. Die Orff-Musiktherapie
*und ihre Beziehung zum Orff-Schulwerk**

Die Therapie, die wir Orff-Musiktherapie nennen, ist neu. Sie ist verschwistert mit dem Orff-Schulwerk und hat sich aus ihm heraus gebildet.

Das Wort Schulwerk zeigt an, daß sein Schwerpunkt in der Domäne der Schule liegt, daß es also pädagogische Funktionen übernehmen will. Man kann in der Vorschule damit beginnen. Schulwerk bedeutet aber auch, daß wir hier in eine Werkstatt, in eine Schule von Carl Orff sehen. Die wesentliche künstlerische Aussage Carl Orffs ist bereits im Schulwerk gegeben und zu erkennen.

Carl Orff selbst sagt von seinem Schulwerk, das den Untertitel »Musik für Kinder« hat: »Der Ruf, der Reim, das Wort, das Singen sind der entscheidende Ausgangspunkt. Bewegung, Singen und Spielen schließen sich zu einer Einheit: elementare Musik, elementares Instrumentarium, elementare Wort- und Bewegungsformen. Elementare Musik ist nie Musik allein, sie ist mit Bewegung, Tanz und Sprache verbunden, sie ist eine Musik, die man selbst tun muß, in die man nicht als Hörer, sondern als Mitspieler einbezogen ist. Sie ist vorgeistig, kennt keine große Form, sie ist erdnah, naturhaft, körperlich, für jeden erlern- und erlebbar, dem Kinde gemäß.« Die fünf Bände des Orff-Schulwerks sind konzipiert als Material zur Interpretation und als Modell zum eigenen Fabrizieren und Improvisieren.

Die Orff-Musiktherapie übernimmt die Idee des kreativ-spontanen Musizierens und bedient sich dabei auch des im Orff-Schulwerk verwendeten und hierfür geschaffenen Instrumentariums. Sie hat mit diesem Instrumentarium ein Objektmaterial, das sie einsetzen kann. Die aktive Musiktherapie ist nun mit Kindern möglich. Art und Gestalt der sogenannten Orff-Instrumente erlauben eine kindgemäße Behandlung.

Nicht alle Instrumente, die zum Orff-Schulwerk gehören, sind von Carl Orff »erfunden«. Es gab immer schon Trommeln, Triangel und Schellen. Die melodischen Stabspiele, unter denen das Xylophon den größten Anreiz hat, haben Vorbilder in Afrika

* *Orff-Schulwerk,* Musik für Kinder, Verlag B. Schott's Söhne, Mainz.

und Ostasien. Aber Carl Orff hat sie uns in seinem Schulwerk neu präsentiert – wie Maria Montessori ihr Material. Sie hat das Rechteck und das Dreieck nicht »erfunden«, sie machte es aber pädagogisch-therapeutisch wirksam. Die Waage zum Wiegen von Substanzen hat sie nicht erfunden, aber therapeutisch eingesetzt. Mit der Dimension Wasser, mit der Beschäftigung Waschen sind die Kinder von zu Hause vertraut (dürfen sie es wirklich sein?) – aber Maria Montessori machte aus dem Wasser, mit dem Waschen eine Therapie. So machte Carl Orff mit den Instrumenten, von denen er viele neu für uns bauen ließ, eine pädagogische Idee wirksam.

Diese Idee des Orff-Schulwerks wurde abgewandelt und projiziert auf die Ebene der Therapie. Mit dem Material, d. h. mit dem Instrumentarium, haben wir eine dreifache Anwendungsmöglichkeit gewonnen:

1. Es gibt die Möglichkeit der akustisch-aktiven Betätigung
2. Es ist als Material *link*, Zwischenglied, zwischen Therapeut und Kind, distanzierend und verbindend
3. Mit dem Material kann sich das Kind mitteilen, mit dem Material kann es sich sozial einüben. Auch hier hat das Material wieder die Funktion von Annäherung und Distanz.

Mit der Applikation des Materials ist eine dreifache Kommunikation möglich – eine Kommunikation nonverbaler Art:

1. Kommunikation vom Kind zum Material
2. Kommunikation vom Kind zum Therapeuten, via Material
3. Kommunikation vom Kind zum anderen Kind.

So ist, genau betrachtet, im Orff-Schulwerk, durch sein Material, in nuce schon die Orff-Musiktherapie miteingeschlossen gewesen. Jede schöpferische Arbeit mit dem Schulwerk hat therapeutische Aspekte. Aber wie und wo kann der schöpferische Wert innerhalb des Schulwerks freigelegt werden? Es bedarf hierzu eines humanen Pädagogen, der gleichzeitig noch fachlich geschult ist. Ein Therapeut, wie ihn die Orff-Musiktherapie braucht, muß wesensmäßig pädagogisch begabt, und dazu fachlich medizinisch und musikalisch geschult sein. In Europa und in den USA gibt es heute schon zahlreiche Stätten, die sich, ausgerüstet mit einem Orff-Schulwerk-Instrumentarium, an die Therapie von Kindern gewagt haben.

Ansatzpunkt

Die Orff-Musiktherapie hat sich organisch aus dem Orff-Schulwerk entwickelt.

Die Idee des Orff-Schulwerks war, dem Kind eine vollständige Dimension »Musik« zu schaffen, in der sich das Kind ausdrücken, sich erleben, in Gemeinschaft Musik machen kann.

Fußend auf dieser Idee, dieser »Dimension Musik«, entwickelte sich die Therapie. Sie schließt die gleichen Mittel ein. Ausdrucksebenen der Kinder sind Sprache, Rhythmus, Melos, Bewegung, Raumerfahrung, miteinander koordiniert. Das Material hierzu wurde neu entwickelt. Die im Orff-Schulwerk empfohlene kreative Äußerung von Kindern wurde in der Therapie zum kreativen Stimulus per se. Dem behinderten Kind in der Therapie sind keine fertigen Modelle, wie das Schulwerk sie in seinen fünf Bänden anbietet, zuzumuten. In den wenigsten Fällen wäre eine strikte Imitation eines gegebenen Rhythmus oder einer gegebenen melodischen Linie zu empfehlen, ganz zu schweigen vom Vollzug komplizierter Ostinatoübungen. Die harmonische Struktur kann vom geistig behinderten Kind vielleicht empfunden, aber selten selbständig vollzogen werden.

Dies bedeutet nun nicht, daß wir über eine ganz einfache Basis nie hinauskommen würden, daß wir uns dauernd beschränken sollten. Wir müssen einen ganz neuen Ansatzpunkt finden.

Unser Ansatzpunkt ist das Kind. Wir haben das behinderte Kind vor uns, wir müssen Zugang zu ihm finden. Behinderung bedeutet auch immer Isolation, Isolation durch das Anderssein als die anderen. Behinderung ist aber auch ein relativ hoffnungsvolles Wort: Nimm das Hindernis weg, und du hast das Kind. Es ist die Aufgabe des Therapeuten, zum Kind vorzudringen. Unaufdringlich.

Ganz wach muß sich der Therapeut auf das Kind einlassen, sensitiv beobachten, wo sich eine Einstiegsstelle bietet. Dies gilt für das Einzelkind wie für eine Gruppe von Kindern. Kommunikation kann man nicht fordern, sie muß sich einstellen. Blickkontakt kann man nicht herstellen, indem man das Kind zu einem Blickkontakt zwingt, Blickkontakt ergibt sich, er wird geschenkt. Wenn genug Aufmerksamkeit da ist, genug Zutrauen zum Therapeuten und der Situation, wird sich der Blickkontakt ganz von selbst ergeben. Ich möchte meinen, auch der Therapeut sollte da eher scheu sein, indirekt das Kind anblicken, wenn das Kind den Blick verweigert, wenn es nicht die Kraft hat, in die anderen Augen zu schauen. Der erste volle Blick sollte vom Kind her kommen.

Material

Das Material, das der Therapeut anbietet, hilft die Kommunikation herzustellen. Das Material sollte so stimulieren, daß es zu einem Annehmenwollen kommt. Ich sage bewußt »Material«. Es liegt an der Phantasie und Intuition des Therapeuten (und es gehört auch etwas Glück dazu) mit dem Richtigen zu beginnen oder das Material, mit dem begonnen wurde, schnell zu vertauschen, wenn es nicht ankommt. Es kann durchaus ein nicht akustisches Objekt sein – wenn es dies überhaupt gibt – ich meine damit Objekte auf der taktilen Erfahrungsbasis: ein Stück Papier, eine Vogelfeder, oder auf der Duftbasis: eine Blume, eine Salbe. Zu diesem ersten Kontakt, der beim Kind sichtbar wird durch kleine Äußerungen, Ausrufe, Lächeln, Blicke, Bewegungen, als Zeichen seiner Zustimmung, sollte es bereits in der ersten Begegnung kommen.* Erfinderisch muß dies der Therapeut auch in hartnäckigen Fällen anstreben.

Wegen der Unterschiede in der menschlichen Person an und für sich und der Unterschiede, die sich durch die verschiedenen Behinderungen ergeben, können hierfür keine strikten Anweisungen, keine fertigen und für jeden Fall sicheren Programme gegeben werden. Es ist von Fall zu Fall neu zu entscheiden, behutsam und schnell. Einige grundsätzliche Richtlinien, gewisse Normen und als relativ sicher erkannte Prinzipien werden später bei den einzelnen Behinderungsarten beschrieben. Eine charismatische Grundeinstellung sollte dem Therapeuten zu eigen werden, sie wird der Beobachtungsgabe und den Einfällen zugute kommen.

* Vgl. Buytendijk, F. J. J.: *Zur Phänomenologie der Begegnung*, in: Eranos Jahrbuch 1950, S. 470.

So sehr man sich bemühen sollte, in der ersten Stunde bereits die Kommunikation herzustellen, so wenig ist in den folgenden Stunden irgendein zeitlicher Druck einzusetzen. Nun soll sich alles organisch, im individuellen Zeitmaß und analog der Kapazität der Kinder entwickeln. Jede Stunde sollte in sich ein Erlebnis sein, auf das man aufbauen kann. Die Stunde sollte in sich geschlossen sein. Wenn der Keim des Interesses gelegt ist und der Therapeut angenommen, wird sich alles schrittweise entwickeln.

Die Behandlung steckt sich auch kein Ziel, d. h. kein vorgefaßtes. Der gewissenhafte Therapeut wird sich für jedes Kind jeweils individuell ein Ziel setzen, und wenn diese Zielstrecke erreicht ist, ein weiteres. Die Behandlung vollzieht sich als Prozeß, bildlich als ein Gehen auf einem Weg. Dabei sind die unbegradigten Wege vorzuziehen, eben die Wege, die Kinder gerne gehen und die für das Kind Weg bedeuten. Die Richtung allerdings, das Wohin wird vom Therapeuten indiziert. Er wird nun all die Um- und Nebenwege mitgehen, wird verweilen, wo ein Verweilpunkt sich ergibt.

Der unbegradigte Weg geht nicht direkt, aber er ist lebendig. Er hat ungeschützte Stellen, deshalb braucht er Sicherung. Der unbegradigte Weg ist geschmeidig, so wie der unbegradigte Fluß, der sich an einen Berg schmiegt. Der radikalste begradigte Weg ist der Tunnel. Scheinbar sicher, zumindest kurz, schließt er alles Natürliche, im Weg Stehende aus. Er ist dadurch unlebendig. Der durch den Tunnel Gegangene, Gefahrene, sieht sich überraschend einer neuen Situation gegenüber, die er von sich aus nicht bewältigt hat. Der natürliche, unbegradigte Weg ist anstrengend, aber auch stärkend.

Auf die Arbeit übertragen bedeutet es, daß man eine Idee oder ein Material einbringt, in der Vorstellung, daß es angenommen wird. Ergeben sich nun Äußerungen – im weitesten Sinne – die, angeregt von der Idee, dem Kind entspringen, so ist diesen Vorstellungen nachzugehen. Entwickeln sich Störfaktoren, gewollt oder ungewollt, so sind sie nicht zu unterbinden, nicht zu korrigieren, sondern einzubauen, vielleicht umzuschmelzen. Dies fordert die ganze wache Technik des Therapeuten. In einem scheinbaren Nachgeben behält er doch den Vollzug in der Hand. Aber er muß auch gewillt sein, sich überraschen zu lassen und wirklich mitgehen. Dies sind ganz entscheidende Momente in der Therapie, die vom Therapeuten Virtuosität (virtus!) verlangen. Blitzschnelle Reaktionen sind erforderlich.

Durch den Grundaspekt, die Therapie als einen Stimulus zu begreifen, als Hilfe für das behinderte Kind, und nicht als eine sukzessive Durchführung von Programmen, ergeben sich diese unvorhergesehenen Momente. Sowohl der Therapeut wie das Kind gehen gestärkt aus einem Zusammensein, das auf einem schwebenden Gleichgewicht aufgebaut ist. Alle Teilnehmer spüren, meist unbewußt, wie wichtig ihr Beitrag ist, zur Aufrechterhaltung des Gleichgewichts, zur Aufrechterhaltung der Spielsituation.

Zur Bestimmung des Spiels gehören Geregeltes, Vorbestimmtes und Ungeregeltes, sich Ereignendes. In dieser Spannung verläuft das Spiel. Geregeltes bedeutet beim Spiel: das Spielfeld, der abgegrenzte Raum und in vielen Fällen auch die abgegrenzte Zeit, in der sich das Spiel vollzieht.

Bei uns ist die gegebene Zeit die einmal wöchentlich sich ereignende Stunde, zu der von verschiedenen Richtungen – die ambulante Behandlung vorausgesetzt – Kinder und Therapeut zusammenkommen, in einem bekannten, vorbereiteten Raum. Die Spannung von Woche zu Woche ist möglich. In meiner langen Erfahrung behielten alle Kinder die Stunde als ein Ereignis im Gedächtnis in sich aufbewahrt, die ganze Woche über. Bei dem heutigen Angebot von Abwechslung, von langen Wochenenden etc. bedeutet dies viel. Die Ablenkungsfaktoren sind zahlreich, die Chance sozusagen 1 : 84, wenn man die Tagesstunden mit möglichen Einflüssen zählt. Die Spannung einiger Stunden kann Monate durchhalten. So trat bei einem fünfjährigen Mädchen mit hohem IQ, das aber unkonzentriert und verhaltensgestört war, zudem mit einem Anfallsleiden belastet, eine Unterbrechung von vier Monaten ein. A. war in die Musiktherapie eingewiesen, als Vorbereitung für die in der Schule auf sie zukommenden Anforderungen. Sie war vier Stunden in einer Gruppe, in der sie sich von Mal zu Mal merklich besserte, von einem gänzlich unkooperativem Verhalten zu einer konzentrierten Leistung. Sie kam wieder und stand erwartungsvoll in der Türe, die Zeitspanne von vier Monaten war wie verflogen – in vorzüglicher Mitarbeit hielt sie durch und hatte nichts von der einmal erworbenen positiven Einstellung verloren.

Was macht die Stunde so bedeutsam? Ich glaube, es ist, neben anderem, der Spannungsfaktor, der dem Spiel inhärent ist. Er muß erhalten bleiben, er ist empfindlich. »Die Spielstimmung ist ihrer Art nach eine labile. Jeden Augenblick kann das ›gewöhnliche Leben‹ seine Rechte zurückfordern, sei es durch einen Stoß von außen ... oder von innen heraus durch einen Ausfall des Spielbewußtseins, durch Enttäuschung und Ernüchterung« (J. Huizinga, *Homo ludens*).

Wir erreichen in einer gut durchgeführten Stunde einen sich entwickelnden Zustand der Elevation. Er ist einer guten Spielstimmung eigen. Dieser Zustand ist in sich ein Heilfaktor. Er entzieht sich einer vordergründigen Erklärung, er ist nicht durchschaubar, aber erfahrbar. Die Kinder und der Therapeut spüren ganz genau, wenn dieser Zustand nicht gelingt. Dies ist immer möglich und, wenn es Einzelfälle bleiben, auch weiter nicht schlimm. Im Gegenteil, das innere Bemühen, wieder eine »hohe« Stunde zu erreichen, ist dann ungesagt und oft unbewußt das Anliegen aller. Die Spannungskurve ist nach meiner Erfahrung auch nicht konstant, sie ist eher wellenmäßig geschwungen.

Mittel

Es bleibt zu fragen, was das Außerordentliche möglich macht, die Elevation, die Spannung, der Bogen von Mal zu Mal.

Unsere Musiktherapie ist eine Dimension. Unsere Therapie soll wirken kraft ihrer Elementarbeschaffenheit. Ihre Elemente sind Klang und Bewegung, zusammenwirkend in einer stimulierenden Spielsituation. Es gibt: ein Beginnen, ein Einsteigen, ein Dabeisein, ein Ende. Ein Drinnen und ein Draußen. Es ist ein ständiger Wechsel von Spannung und Entspannung. Die Wiederholbarkeit, das oft und oft, das Wiederkehrende, die Vielfalt der Klangmöglichkeiten, der Klangfarben, die kräftigen Impulse, die feinen Striche, die trokkenen Punkte, diese Kette von Bewegung ›wir alle‹, ›jetzt nur du‹, ›jetzt wieder ich‹, kurze rhythmische Abläufe, nur Akzente, lange Abläufe, die wie ein Zustand werden, diese ganze Fülle von Ineinander und Miteinander, dieses Geschehen, das jeder in sich spiegelt und das er am anderen sehen kann, all das bewirkt *Faszination.* Es ist im weitesten Sinn eine Therapie durch Faszination. Das Technische, das, womit wir dies bewirken, unser Tun also, ist in diesem Moment vollkommen, da es ja mit Intensität getan wird. Verfeinern, verbessern wird es sich durch Wiedertun, Nocheinmaltun. Ungeschicktes wird geschickter, sprachlicher Ausdruck wird sich verbessern. Wichtig ist z. B., daß ein Sprachgestörter jetzt sprechen will und spricht. Jede Korrektur wäre wie ein Sturz aus dieser Elevation und sehr gefährlich. Wir setzen als Spieleinsatz das, was wir vermögen. Manchmal ist es ganz, ganz wenig: denken wir an einen Tetraspastiker (s. letzte Bildseite), der vielleicht noch blind und geistig behindert ist – trotzdem kann Elevation gelingen, sie ist relativ.

Wir setzen an Sinnen ein, was wir besitzen, was wir noch besitzen. Die Therapie spricht alle Sinne an und kompensiert einen Sinn, wenn er ausfallen muß, mit einem anderen. Die Sinnkoordinierung ist in unserem Gehirn vorbereitet. Wir können bei Otto Detlev Creutzfeldt in *Hirnforschung und Psychiatrie** lesen, daß die Erregung einer Nervenzelle über Verbindungskabel, die Nervenfasern oder Axone, in Gestalt von erregungsproportionalen Impulsserien an andere Nervenzellen weitergeleitet wird. Auf der Gehirnoberfläche kommt es zu einer Projektion der Umwelt, und zwar getrennt für die visuelle, die auditorische und die taktile Umwelt. Aber bereits auf dem Weg zur Hirnrinde und in gesteigertem Maße dort, kommt es in verschiedenen Schaltstationen zu einer Querverbindung zwischen den einzelnen Kanälen.

Die Mittel in unserer Therapie erlauben und fordern einen multisensorischen Einsatz. Eindringlich seien die Impulse geboten, stimulierend, faszinierend. In der modernen Hirnforschung (Creutzfeldt) ist man zu der Erkenntnis gekommen, daß es eine wesentliche Eigenschaft des Neurons ist, daß es Entscheidungen trifft, daß es nicht, wie ein Computer, jedes Signal verarbeitet. Das Signal muß eine Schwelle überschreiten: Wenn zu schwach erregt wird, bleibt es stumm, erst wenn die Impulserregung eine gewisse Schwelle überschreitet, wird es aktiv. Dies gilt natürlich besonders, wenn Hemmungen und Behinderungen vorliegen.

Unsere Mittel sind nicht nur in Gestalt von Instrumenten wie eine farbige Palette vor uns, die wir antasten, anspielen, sie sind an uns selbst, in uns und um uns. Mittel in diesem Sinn an uns selbst sind: der eigene Körper, die Hände, die Finger, die Füße, der Ell-

* Colloquium Verlag, Berlin 1971.

bogen, der Handknochen, die Nase, die Augen. All das ist, verbal stimulierend unterstützt, tastend, abklatschend, anblasend – um nur einiges zu nennen – zu erfahren. Es hilft zur Erkenntnis des eigenen Körperschemas: was ist bei mir wo?

Mittel in uns: Erfahrungen der Vibration, wenn wir summen, sprechen, singen. Mittel um uns: der Raum, den wir akustisch und als Widerstand erforschen, nah um unseren Sitzplatz, Unterschiede hierbei, die Sitzmatte, der Boden selbst, wie klingt der Boden im Gehen, im Laufen. Wie klingt die Wand, die Tür, das Fenster, der Schrank: kannst du den Unterschied hören? Unzählige Möglichkeiten der taktilen und akustischen Exploration, die der Hör- und Seherfahrung, wie der Erkenntnis von einem Ding zugute kommen. Es gibt einen Kinderruf beim Versteckspielen – daß ein Versteck neben mir, über mir, hinter mir usw. ›nicht gilt‹. Abgewandelt können wir sagen: Über mir, unter mir, neben mir, hinter mir – gilts!

Der multisensorische Einsatz der Mittel bezieht sich also auf Dinge der Umgebung (*environment*), auf uns selbst und auf die Instrumente im eigentlichen Sinn. Der Therapeut hat zu entscheiden, vorzuentscheiden, welches Material und in welchem Sinn das Material einzusetzen und zu explorieren sei. Er wird es vorbereiten und die Aktion dahingehend in Gang bringen. Er wird in seiner Vorbereitungsarbeit dabei immer wieder innere Hürden und Barrieren zu überspringen oder wegzuräumen haben, dann nämlich, wenn er vor schwierigen Gruppen- oder Einzelfällen sagen möchte: ›Da ist doch nichts zu machen‹. Gerade solche Situationen werden ihm zum Gewinn durch besonderen Einsatz seiner Vorstellungskraft, aus der sich neue Wege für ihn und damit für das Kind öffnen. Es gibt keinen Fall, glaube ich, wo nichts mehr zu machen wäre; ein Lächeln oder der Vorübergang eines Lächelns belohnt die Mühe. Zu fragen bleibt, wie kann sich da noch Lächeln einstellen, Lächeln geschenkt werden, wo schwerste Behinderung fast jede Äußerung unmöglich macht. Es sind gerade die ganz kleinen Reaktionen bei den aussichtslos scheinenden schweren Behinderungen, die einen als Therapeuten am meisten beglücken können. Es sind gleichzeitig die neuralgischen Punkte, wo für das Kind minimale Fortschritte möglich sind. Doch überwiegen diese schweren Schädigungen an Körper und Geist nicht in der musiktherapeutischen Situation, wenn man nicht in einer Intensivstation arbeitet. Angreifen, helfen können wir mit deutlicherem Erfolg bei leichteren Schädigungen und hier sind auch handgreiflichere Mittel und Wege aufzuzeigen, da ähnliche Fälle auch ähnlich zu behandeln sind.

Die zur Verfügung stehenden vielfältigen therapeutischen Mittel seien ihrer Grundstruktur nach nun als Agens, in ihrer Wirkungskraft, im Einzelnen näher beschrieben.

3. Das spezifische Agens der Therapie

Instrumentarium

Das instrumentale Material, das vom Orff-Schulwerk übernommen wird, ist ein Schlüsselpunkt der Therapie. Es kann therapeutisch von drei Ansatzpunkten her gesehen werden: vom taktilen, vom optischen und vom akustischen. Die Verbindung der drei Sinneskategorien – taktiler Sinn, optischer Sinn, akustischer Sinn – macht therapeutisch einen dreifachen Effekt möglich. Auch kann der Ausfall oder die Schädigung eines Sinnes so durch einen anderen kompensiert oder stimuliert werden.

1. Die Instrumente im Einsatz
taktil-therapeutischer Verwendung

Vom Rohmaterial her gesehen haben wir vier hauptsächliche Unterscheidungen: Holz, Fell, Metall und Saiten. Dazu viele zusätzliche wie Sand, Steinchen, Kork, Korb, Glas usw. Taktil können Unterscheidungsmerkmale erfahren werden in bezug auf

Wärmequalitäten (etwa kalt = Metall, weniger kalt = Holz, wärmer = Fell)

Oberflächenstruktur (etwa glatt = Holz, Metall, weniger glatt = Fell)

Härtequalität (etwa Holz und Metall härter als Saiten und Fell)

Gewichtsqualität (etwa Holzton leichter wie entsprechender Metallton)

Elastizitätsqualität (etwa die Spannungsunterschiede bei den Fellinstrumenten)

Vibrationsqualität (etwa Metall vibriert stärker als Holz). Nimmt man einen Stab aus den Stabspielen, z. B. aus einem Xylophon heraus und hält ihn mit Daumen und Zeige- oder Mittelfinger an seinem Bohrloch und schlägt ihn mit einem Klöppel an, so erfährt man mit den übrigen Fingern bei Berührung des angeschlagenen Stabes die Vibration. Auch bei längeren Holzstäben ist so die Schwingung zu spüren.

Das tastende Anspielen ohne einen Klöppel, nur mit den Fingern oder den inneren oder äußeren Handflächen ergibt allgemeine bis zu differenziert feine taktile Erfahrungen. Auch der Übergang vom tonlosen Berühren, Drücken, Betasten zum tongebenden Berühren, Betasten ist eine differenzierte Sinneserfahrung.

2. Die Instrumente im Einsatz optisch-therapeutischer Verwendung
Die Instrumente haben von ihrer Größe her Unterscheidungen: groß, mittelgroß, klein, und von ihrer Form her: rund, rechteckig, dreieckig, stabförmig und Kombinationen dieser Formen.

Wir haben große runde und kleine runde Gegenstände, vor allem in den verschiedenen Größen von Trommeln, die meist vertikal in der Hand hängend, aber auch horizontal in der Hand getragen oder horizontal liegend erfahren werden. Horizontal rund werden immer die aufgestellten Pauken erfahren. Wir haben dann das große runde Becken, kleinere und die kleinen runden Finger-Zimbelchen. An kugelförmigen Rasseln kann man die runde Gestalt begreifen.

Als Rechtecke haben wir die Holzblocktrommeln in verschiedenen Größen, mit Verjüngung am oberen Ende die große Kubusform der Stabspiele (Xylophone, Metallophone), die anschaulich die verschiedene Tonhöhe zeigen und den Resonanzkasten als solchen mit seinem Innenhohlraum.

Als Stabform: die Holzstäbe in verschiedenen Größen (aus Massivholz oder Bambus), auch die Stiele der verschiedenen Schlägel mit meist rundem Schlägelkopf.

Als Dreiecke die gleichseitigen Formen der Triangel in verschiedenen Größen, mit dem leeren Innenraum.

Der optische Einsatz kann für sich stehen, aber auch im Kontrast zum akustischen. In solchem Kontrast wird er durch die natürliche Stillesituation, die er schafft, und die dennoch aktiv ausgefüllt ist, therapeutisch besonders wirksam. Mit je einem Stab in der Hand können im Luftraum Figuren vollzogen werden, die bis zur dreidimensionalen Erfahrung gehen können, auf den Boden gelegt, vielleicht in einer Beschränkung von 2–5 Stäben, geometrische zweidimensionale Figurenreihen.

3. Die Instrumente im Einsatz akustisch-therapeutischer Verwendung
Der spezifische Klang der einzelnen Materialien kann, abgelöst vom Instrument akustisch erfahren werden: Holz auf Holz, Metall

auf Holz, eine Saite gespannt gehalten und angezupft. Der spezifische Klang dieser einzelnen Materialien Holz, Metall usw. wird zu einem qualifiziert eigenen Klang durch eine spezielle instrumentale Bauform: Fell wird gespannt zu einer Trommel, zu einer Pauke, gespannte Saiten über einem Resonanzkasten werden eine Fidel oder eine Gitarre. Das Holz wird in entsprechender Länge zu einem bestimmten Ton und auf einen Resonanzkasten gelegt zum spezifischen Klang des Xylophons. Ebenso wird mit dem Metallophon verfahren. Auch Stein kann intervallmäßig gestimmt werden, jedoch ergeben an einem solchen Lithophon nicht bestimmte Steinlängen einen bestimmten Steinton, sondern die Dicke der Steinmasse ist für den Ton entscheidend.

Wir bekommen mit diesen Instrumenten eine reiche Palette von Klangfarben. Die Instrumente können homogen, nur eine Instrumentengruppe, eingesetzt werden, oder heterogen, verschiedene Klangfarben, sie können gruppenmäßig oder einzeln verwendet werden. Wir können dunkle, tiefe Klänge zusammenstellen und in Kontrast zu hellen stellen. Wir können agogische Unterscheidungen machen von leise zu laut usw.

Die Instrumente können prämelodisch, ohne erkennbare Melodie, und sogar prärhythmisch, ohne bestimmten Rhythmus gespielt und erfahren werden. Dies ist ein wichtiger therapeutischer Einsatz und Ansatz, der ohne Regeln und nonverbal in individueller Agogik und individueller Intensität durchgeführt werden kann. Diese Art Einsatz fördert die Aktivität und den Einsatzwillen bei den Unaktiven und hilft zunächst auch den Hyperaktiven, da keine Wartezeit oder Partnerbezogenheit von ihnen verlangt wird, sie sich aber betätigen können und mit zunehmender Erfahrung auch Geduld und Konzentration aufbauen können. Ein verbindliches Thema macht diese Mehrstimmigkeit möglich, die individuell und als Gruppenerfahrung positiv ist. Felix Hoerburger* unterscheidet verschiedene Fakten innerhalb der elementaren Vorformen der Mehrstimmigkeit in der Volksmusik in aller Welt.

Wie wird das Instrumentarium nun weiter eingesetzt, gibt es verbindliche Regeln, gibt es gleiche Wege für verschiedene Behinderungen, wird unterschieden bei Einzel- oder Gruppentherapie, wird altersmäßig unterschieden, ist eine bestimmte Reihenfolge der

* Hoerburger, F.: *Elementare Vorformen der Mehrstimmigkeit.* Orff-Institut, Jahrbuch III, B. Schott's Söhne, Mainz.

Einführung zu beachten, gibt es Vorschläge für die technische Spielentwicklung. Auf all diese Fragen gibt es Antworten, aber nicht *die* Antwort. Einige Grundregeln können aufgestellt werden:

1. Das Instrument ist ein Sinnträger
2. Das Instrument darf in seiner Art nicht pervertiert werden
3. Die Instrumente sollen ökonomisch eingesetzt werden
4. Das Instrument kann Signalfunktion übernehmen
5. Das Material soll austauschbar behandelt werden.

Applikation des Instrumentariums

1. Das Instrument ist Sinnträger.
Ein Instrument soll signifikant eingesetzt werden, es soll in seiner Spezifität eingesetzt werden. Vom vorher Dargelegten hat jedes Instrument eine mehrdimensionale Funktion: eine taktile, eine optische, eine akustische. Bei Blinden wird einem die taktil-akustische zu Hilfe kommen, bei Gehörlosen die taktil-optische und bei geistig Behinderten über die akustische die beiden anderen. Vor allem aber kann jedes Instrument einer Vorstellung zugeordnet werden. Wir als Therapeuten können und sollen uns über die Form und das akustische Aussagevermögen der einzelnen Instrumente Assoziationen und Repräsentationen gegenwärtig machen, sollen sie aber dem Kind nicht aufdrängen. Kindliche Vorstellung ist oft anders, sie wandelt sich auch. Sie ist in dieser einen Stunde vielleicht so orientiert, daß sie den Ton eines Triangels nicht mit einem Vogel, sondern mit einem Fisch assoziiert. Dem ist natürlich nachzugeben. Letztlich wird das Kind nur aus seiner Welt und Erfahrung heraus Klangliches und Optisches zeichenhaft zuordnen.

Das große Becken, an der Hand hängend gehalten, mit einem weichen Schlägel angeschlagen, repräsentiert in einer Gruppe die Sonne, in einer anderen Gruppe ist es ein Baum. Für viele Gruppen ist es ein Klangdach. Es wird dann, angeschlagen und tönend, über die Köpfe einer kleinen Schar gehalten.

Die Assoziation eines Instrumentes mit einem Ding oder einer Handlung erweitert die Sinneskapazität. Sie hat kommunikativen Charakter.

2. *Das Instrument soll nicht pervertiert eingesetzt werden.*
Oft hört man, Trommeln seien vorsichtig einzusetzen, da sie zu laut gespielt werden könnten. Eine Trommel muß manchmal laut gespielt werden, wenn möglich in einer motivierten Laut- bzw. Schlagstärke. Pervertiert ist zum Beispiel ein melodisches Stabspiel, wenn es nur noch einzelne Stäbe behält und alle anderen herausgenommen sind.* Das ist musikpädagogisch vielleicht vertretbar, damit so die gewünschten Noten leichter gefunden und richtiger gespielt werden können. In der Therapie ist dies undurchführbar. Kleine Kinder und geistig Behinderte brauchen ein Ganzes. Hat ein Kind aber ein Rudiment eines Stabspiel-Instrumentes vor sich, schiebt es die restlichen Stäbe zusammen, d. h. es nimmt sie heraus und ordnet sie nebeneinander, was es aber feinmotorisch meist garnicht beherrscht.

Vom Akustischen, vom Klang her, ist es bei richtiger Assoziation oder von anderen Leitfäden her durchaus vertretbar, wenn auf allen Tönen frei gespielt wird. Günstig wirkt sich dabei aus, den siebten Ton des Instrumentes – in unserer Anordnung das h, – zu ersetzen mit einem anderen siebten Ton – dem b. Man eliminiert dabei den Leitton in der Mitte des Instrumentes. Das freie Spielen auf allen Tönen ist ein akustisches Geschehen, das richtig und ergiebig wird durch die Bindung an eine gemeinsame Vorstellung, an einen gemeinsamen zeitlichen Ablauf oder ähnliches. Es steht dadurch in diametralem Gegensatz zu einem unkoordinierten Gespiele, einem Austoben auf dem Instrument, was wenig therapeutischen Wert hat. Der Therapeut hat die Funktion, die Vorstellung zu koordinieren, die Phantasie und den Ausdruckswillen zu binden. Dann kann auf jedem Instrument laut gespielt werden, denn es ist ja laut aus einem Sinn heraus. Mit dem Leitfaden kann die Lautstärke wieder zurückgenommen werden. Es ist dann nicht enttäuschend, sondern notwendig. Vom Leisen aus kann es wieder laut und kräftig werden.

Die Wirksamkeit einer Therapie hängt eng mit der Wahrhaftigkeit des therapeutischen Einsatzes zusammen.

* Will man nur einige, einzelne Töne verwenden, so nehme man sie in Form der einzelnen Klangblöcke: Zwei, drei Klangblöcke sind dann ein Ganzes in diesem Sinn.

3. *Das Material soll ökonomisch eingesetzt werden.*
Grundsätzlich ist das Material für eine Stunde vorzubereiten. Dies gilt insbesondere für den Anfang und für kleine Kinder. Es ist eine Auswahl zu treffen. Es ist nicht zu viel auf einmal einzusetzen. Ein Therapeut, der einem kleinen Wesen die große Trommel, zwei große Pauken, diverse Handtrommeln, eine Bongotrommel und verschiedenes Kleinmaterial auf einmal anbietet, erdrückt das Kind im Material. Er kann sich auch nicht herausreden, daß das Kind dies wollte, weil es die Instrumente im Schrank gesehen hat. Es gibt Ausnahmen, wie immer, zum Beispiel bei einem ausgeprägt autistischen Verhalten, bei gewissen Verhaltensstörungen usw. Läßt man dem Kind anfangs zuviel freie Wahl, so will es aus seinem Tätigkeitsdrang heraus zuviel probieren, die Aufmerksamkeitsspanne für ein Objekt bleibt gering, es entwickelt sich kein kreatives Verhalten, das Material wird vergeudet. Sehr schnell entwickeln sich daraus die Situationen, wo Klöppel, auch Instrumente herumgeworfen werden und eine Gruppe nicht mehr zu halten und zu steuern ist. Man kann die verfahrene Situation nicht im Kleide des Vorwurfs auf die Kinder abwälzen. Auch ausschließlich duldendes (permissives) Verhalten, ohne Stimulation, hat den gleichen Effekt. Die Anschauung, daß man die Kinder absichtlich regellos mit dem Material und mit sich untereinander explorieren lasse, halte ich in dieser Therapie für falsch; es ist vergeudete Zeit und eine unbefriedigende Motivation für die weitere Arbeit. Allerdings kommt jeder schöpferische Prozeß vom quasi Ungeordneten in eine Ordnung, aber das Chaotische ist dann innerhalb eines Prozesses gebunden. Ökonomischer Einsatz beschränkt nicht, sondern macht reich. Es geschieht das Paradox: aus dem Wenigen erwächst Fülle, aus der Überfülle Überdruß.

Die Beschränkung der Mittel ergibt Konzentration und ist ein Stimulus für Phantasie.

4. *Das Material kann Signalfunktion übernehmen.*
Das Anwenden von Signalen – ein Instrument bekommt Aufforderungscharakter – hat stark bindenden Wert innerhalb einer Gruppe. Es gliedert sich in die Bestimmung der Signale, in die Ausführung und in die Annahme dieser. Bald sei die Ausführung der Signale, die Aufforderung durch den Klang eines Instrumentes dem

Kind zu übergeben. Bei stark Verhaltensgestörten provokativer Art wirkt die Übernahme aktiver Verantwortung meist Wunder. Aufschlußreiche Beobachtungen ergeben sich für den Therapeuten aus der Behandlung der Signalfunktion. Auch optisch eingesetzt können Instrumente Signalfunktion übernehmen. Dies wird insbesonders bei Perzeptionsstörungen einen Mitvollzug bewirken können. Die in diese Aktivitäten eingeschlossene nonverbale Kommunikation verstärkt das Klima und die Aufmerksamkeit in einer Gruppe, wie beim Einzelnen.

Das Arbeiten mit Signalen verlangt Flexibilität, Entscheidung und Verantwortung. Solche Aufgaben haben kommunikativen Wert.

5. *Das Material soll austauschbar sein.*
Innerhalb einer Therapiestunde ist es möglich, daß nur ein Instrument im Gang ist, was jedem Einzelnen nur für kurze Zeit gehört. Dies scheint für kleine Kinder schwer vollziehbar, es ist aber möglich. Die soziale Bereitschaft zu teilen kann sehr früh geweckt werden.

Auch Klänge können austauschbar sein, man kann einen Klang herschenken. Man schlägt zum Beispiel die kleinen Becken an und stellt einen anderen in diesen Klangraum, indem man sie nahe an seine Ohren hält. Es ist gut, wenn man dabei auffordernd ausspricht: ›Schenk den Klang‹! Die leuchtenden Augen sagen dem Kind, welches den Klang schenkt, daß der andere hört. Es partizipiert so, nichthörend mit. Oder ein Kind geht mit einer Trommel um einen Kreis von Kindern und gibt jedem Kind im Vorbeigehen ›ein paar Regentropfen‹ oder anderes, indem es über dem Kind leicht mit den Fingern auf die Trommel klopft.

Das Austauschen des Materials fordert und fördert soziale Toleranz und spontane Leistung zur rechten Zeit.

Ich höre und ich vergesse,
ich sehe und ich erinnere mich,
ich tue und ich begreife.
Chinesisches Sprichwort.

Das Kind wird mit dem Instrumentarium konfrontiert, die Sinne werden in dreifacher Weise angesprochen, das Kind reagiert in dreifacher Weise, sehend, hörend, tuend. Wir können mit unserem Material einen Kreis schließen zwischen diesen menschlichen Sinnen.

1. Wie reagiert das Kind auf das instrumentale Material als Sinnträger?
Nimmt das Kind es an, daß das große Becken die Sonne ist, bedeutet ihm ein Triangelton einen Vogelruf, kann es Blumen bildhaft, faßbar machen auf einem Glockenspiel? All das kann das Kind. Einige Beispiele mögen dies verifizieren.

1. Beispiel

In einer Klasse von zehn geistig behinderten Kindern einer Heimsonderschule, die ich einmal besuchte – im Alter von ungefähr 8 bis 9 Jahren, mit einem angegebenen IQ von etwa 40 – war es möglich, anhand eines Glockenspiels Blumen hervorzuzaubern. Alle Kinder gingen auf die Idee ein. Sie waren sogar bereit, ein Instrument anzunehmen, welches pentatonisch eingerichtet war. Die Anordnung sah dann so aus:

```
pentatonisch                  | | |   | |   | | |   | |

vergleichsweise               | | | | | | | | | | | | |
ganz eingerichtet
```

In dieser Anordnung ist das Instrument übersichtlicher als volleingerichtet. Auf diese Weise läßt sich optisch ein klangliches Muster leichter einprägen, man kann es wiedererkennen. Ich nahm also vor den Augen der Kinder den 4. und 7. und nochmals den oberen 4. Ton heraus. Ich fragte, ob es ihnen so recht wäre, und sie akzeptierten es. Nun wurde im Kreis herum einer nach dem anderen aufgefordert, eine Blume zu nennen und diese auf dem Instrument klingen zu lassen. Veilchen wurde genannt, Sonnenblume, Tulpe. Nun kam ein Kind, und es deutete auf eine Blattpflanze, die am Fenster stand. Ich war nahe daran, dies nicht anzunehmen. Hätte ich die Pflanze nicht als Blume angenommen, wäre wahrscheinlich der ganze Fluß und die ganze Spannung unterbrochen worden. Sehr unbeholfen und rauh in der Stimme wurden die Namen gesagt oder undeutlich und leise. Aber nicht auf dem Instrument! Jedes Kind spielte seine Blume auf dem Glockenspiel in einem erkennbaren Muster. Kein Kind beschränkte sich auf eine Silben- und Tonanalogie, also zum Beispiel zwei Schläge für Tul – pe. Es waren melodische Ranken und es stand etwa eine große blühende Sonnenblume imaginär vor uns. Bisher hatte kein Kind vorher das Instrument gespielt, es handhabte es hier zum erstenmal. Die Spannung hielt, bis alle Kinder sich ausgedrückt hatten, kein Kind brach aus und versuchte irgend etwas anderes zu spielen. Jedes Kind war aufgefordert, bei seinem ersten Versuch diesen gleich zu wiederholen, so daß es sich die Phrase merken konnte. Wenn es ging, sangen wir nach. Worte des Therapeuten wie ›schön ist deine Blume‹, ›das ist deine Blume‹, ›groß ist deine Blume‹ und ähnlich Gesagtes unterstützten das Klima, ohne daß verbal eine Wertung vorgenommen wurde. Nun galt es die gleichen Blumen nochmals zu spielen, und jedes Kind sollte sich erinnern. Gleichzeitig sollte sich die Gruppe erinnern, denn wir sollten ja alle am Geschehen partizipieren. Es gelang. Die Assoziation Blume-Glockenspiel war angenommen und wurde glänzend ausgeführt. Es brachte die ganze Gruppe in Hochstimmung. Am nächsten Tag malten die Kinder ihre Blumen und schickten sie mir in einer Rolle nach Hause. Für die zuschauenden Heilpädagogen war es unverständlich, daß eine Gruppe mit so niedrigem IQ eine so konzentrierte Leistung zustande brachte. Für die ständige Lehrkraft der Schulklasse brachten die Einzelleistungen der Kinder zum Teil eine ganz neue Einsicht in ihr Verhalten und ihr Wesen. So war zum Beispiel das sonst langsamste Kind der Gruppe, ein kleines Mädchen, in diesen Aktivitäten sofort da und seltsamerweise begleitete gerade dieses Mädchen in den schnellsten Einheiten (Achteln). Jedes Kind durfte sich nämlich wünschen, ob die Flöte für ihn langsam oder schnell spielen sollte, selbst konnte das Kind auf der Trommel seine Begleitung wählen. Dieses Mädchen wünschte sich nicht nur eine schnelle Flöte, es spielte in der gleichen schnellen Zeiteinheit mit, was keines der anderen dieser

Gruppe tat. Es war am Schluß der Stunde möglich, die einzelnen Zeiteinheiten der Begleitung zu synchronisieren, die Flöte wurde also von halben, viertel und achtel Noten begleitet. Hätte man eine solche rhythmische Differenzierung verlangt, man hätte sie wohl erst nach wochenlangem Üben erreicht. Die selbstgewählte rhythmische Zeiteinheit brachte es zustande.

Therapeutischer Aspekt

Gemeinsame Konzentration geistig Behinderter auf ein Thema
Individuelles Schaffen einer kleinen Form, Einsatz v. Imagination
Wiedererinnern der Form
Kommunikation innerhalb der Gruppe
Durchhalten der Spannung
Entscheidung für ein Tempo und selbständiges Begleiten

2. Beispiel

In einem Heim in der Westschweiz, während eines Kurses für Heilpädagogen, therapierte ich in einer Demonstrationsstunde mit einer Gruppe schwer geistig behinderter Kinder mit zusätzlich massiven Verhaltensstörungen. Eine Triangel wurde von jedem Kind, abwechselnd, nach einer Liedstrophe angespielt, als Zwischenteil.

Der Vers wurde gesungen, das Triangel gespielt, nichts wurde vom Therapeuten her assoziiert zwischen Triangel und den *pigeons.* Das Triangel fungierte als austauschbares Material und wurde dabei erkundet. Am nächsten Tag, bei einer zweiten Demonstrationsstunde, sagte Marcel, als wieder ein Triangel, aber in einem anderen Zusammenhang ertönte: *»ah', l'oiseau!«*

Therapeutischer Aspekt

Sensibilisierung durch Klang bei starker Verhaltensstörung und erheblichem Entwicklungsrückstand. Spontanes Assoziieren, Beschränkung und Raumlassen durch Zirkulieren eines Instrumentes.

3. Beispiel

In einer Stunde mit Kindern (geistiger Entwicklungsrückstand und Stotterer) wurde ein diminuierendes Gedicht gewählt, um verschiedene Instrumente nacheinander einzusetzen. Es ergaben sich folgende Repräsentationen, die mit den Kindern bestimmt wurden:

Da war ein großer Garten	großes Becken
und in dem Garten war ein Baum	Trommel
und auf dem Baum ist ein Nest	Triangel
und im Nest ist ein Ei	Fingerzimbeln
und im Ei ist ein Vogel	Schellen
... und der schlüpft aus!	Wirbel aller Instrumente

Die Kinder mußten sich beschränken und nur bei dem vorgestellten Bild den Klang beisteuern. Von einer Praktikantin, die zugeschaut hatte, wurde mir gesagt, das wären wohl nicht die richtigen Sachen, ungereimt, mit freiem Rhythmus, ohne Handlung etc. Die nächste Stunde kam nach einer Woche. Schon beim Hereinkommen sagte M.: ›ich mach heut wieder den Baum‹, ein anderer: ›und ich den Vogel‹ usw., und sie holten sich die Instrumente und führten es in derselben Repräsentation, ohne nochmal zu fragen oder zu zögern, durch. Die Wiederholung wurde vom Kind eingebracht.

Therapeutischer Aspekt
Stotterer sprechen gezielt einen kurzen Satz, sie motivieren sich durch die eigene Klangerzeugung; in Spannung vollziehen sie innerlich den Satz des Nächsten mit; Spannung auf den gemeinsamen Schluß hin.

2. *Kann ein Instrument in der Hand eines Kindes überhaupt pervertiert werden?*

4. Beispiel

Mir kommt eine Gruppe amerikanischer Zweitkläßler in den Sinn, mit denen ich einen Vers aus Mother Goose dramatisch ausführte:

One, two, three,
Four and five,

I caught a hare alive;
Six, seven, eight,
Nine and ten,
I let him go again.

Der Hase wurde dargestellt und lief im Kreis, bis ein Signal ertönte, ihn zu fangen. In meiner Vorstellung war das ein Schlag auf der Pauke, auf einer Handtrommel oder ähnlichem. Ich war nah daran, dies den Kindern zu suggerieren, hielt mich aber zurück und fragte: ›Mit was fängst du ihn?‹ Der Bub überlegte und ging dann zum Metallophon und spielte viele weiche Töne und hörte dann auf. Ich verstand: Er liebkoste den Hasen, als er ihn einfing, es war kein brutales Fangen. Wie schnell kann ein Erwachsener eine Vorstellung verderben.

Therapeutischer Aspekt
Rollenspiel
Kommunikation durch Gruppengeschehen
Entscheidung im musikalischen Signal

3. *Hat das Kind einen Sinn dafür, daß das Material ökonomisch eingesetzt wird und wird es in diesem Einsatz befriedigt?*

5. Beispiel

Wieder ist es eine amerikanische Klasse, diesmal die fünfte. Wir hatten nicht viele Instrumente, aber 35 Kinder. Einzelne Gruppen, die sich selbst formierten, bekamen je ein Stabspiel. Die erste Gruppe bekam die Aufgabe mit nur zwei Tönen, selbstgewählten, eine Aussage zu formen, die nächste Gruppe sollte dies mit drei Tönen tun, die nächste mit vier und die letzte Gruppe mit 5 Tönen. Diese fühlten sich im Augenblick als die glücklichsten. Die Lösung mit den zwei Tönen war nicht besonders befriedigend, die mit drei Tönen war sehr geglückt, die mit vier Tönen war nicht besser. Als die Gruppe mit den fünf Tönen daran war, meinte einer: ›Können wir nicht auch nur drei Töne nehmen?«

Therapeutischer Aspekt
Formen innerhalb von gesteckten Grenzen,
dabei wird freiwillige Beschränkung akzeptiert.

6. Beispiel

Als ökonomisch würde ich auch das Gespräch zweier Buben, sechsjährig, auf zwei Pauken nennen. Es war eine Gruppe mit Stotterern und die Rede sollte in einem inneren Fluß gedacht werden und sich auf den Pauken nach außen kundtun.

Es ging um eine Verkaufsszene: Schuhe wurden verkauft, ein Vers war vorausgegangen. Einer war Käufer, einer Verkäufer. Schon die Rollenverteilung ging blitzschnell vor sich, kein langes Aushandeln. Auf die Frage: Wer ist Käufer? kam die spontane Antwort des einen: »Ich«, wer ist Verkäufer?: »Ich.« Der Therapeut fragte direkt und bekam eine direkte Antwort. Die Buben änderten ihren Entschluß auch nicht mehr, denn praktisch hatte nur einer die Wahl. Nun kam der Dialog in Gang, erst vorsichtig, hier ein paar Schläge, – dort ein paar Schläge – hier ein Schlag – dort viele Schläge – dann wurde er ganz dicht, längere Phrasen – prägnante Antworten usw. Dabei ließen die Kinder sich gegenseitig Raum zum Antworten, bzw. neuerlichem Ansatz, keiner fiel dem anderen in die Rede. Von den beiden Buben war einer zusätzlich spastisch gelähmt, umso erstaunlicher waren seine bestimmten Schläge. Schließlich wurde ein definitiver Schluß gesetzt und die beiden waren sich klar, ohne verbale Verständigung, ob die Schuhe gekauft waren oder nicht. Die zuhörende Gruppe war sich nicht so sicher, aber auf die richtige Antwort kam es nicht an, es kam auf das Mittun, das Mitgehen in dieser imaginären Spielszene im akustischen Raum an. Im Gegenteil, die sich lösende Heiterkeit bei einem Irrtum – »und er hat nicht gekauft« – kam der sozialen Kommunikation zugute.

Therapeutischer Aspekt
Koordination innerhalb einer Gruppe, geteilt in Agierende und Zuschauer.
Vorstellungstraining auf beiden Seiten,
durch die Repräsentation einer Rede auf einer nonverbal-kommunikative Ebene (Pauken)
Inneres Fließen der Rede als Hilfe für sprachlichen Ausdruck.
Kommunikative Konzentration.

4. *Bedeutet dem Kind die Signalfunktion etwas und kann es sich hier ausdrücken?*

7. Beispiel

In einer gemischten Gruppe mit einigen Schwerhörigen darunter sollte die Pauke Signale geben für verschiedenes Gehen: langsam gehen, schnell gehen, hüpfen, springen usw. Ein Paukenabschlag bedeutete einen Sprung in die Hocke, ein weiterer, nach einer Stillezeit nach eigenem Gutdünken, für den Aufsprung. Bemerkenswert dabei war, daß gerade die beiden Schwerhörigen besonders gute Leistungen im Spielen wie im Aufnehmen und Umsetzen des Klanges in Bewegung zeigten. Das eigene Signalgeben half sicherlich der Perzeption des Signalklanges. Ein kräftiger Junge machte bei seinem Spiel ganz zarte, fast unhörbare Schläge, die Kinder gingen entsprechend leise. Als er aufhörte, sagte er: »Die haben aber nicht gemacht, was die Pauke gesagt hat!« »Was hat sie denn gemeint?« »Da, wo es ganz leise war, das waren Zehenspitzen.« Wir haben es nachgeholt. Er hatte sich so mit der Pauke identifiziert, daß er sagte: »Ihr habt nicht gemacht, was die Pauke gemacht hat!«

Therapeutischer Aspekt
Nonverbale Kommunikation durch Signale, Sensibilisierung durch Hören.
Sinnverstärkung für Schwerhörige.

8. Beispiel

In einer Gruppe von Kindern (4–5 Jahre) mit akustischer Agnosie (die Kinder hören, verstehen aber nicht, worum es geht, für sie hat die Rede keinen Sinn. Oft geht Schwerhörigkeit mit dieser Behinderung einher, die Kinder dieser Gruppe sprachen auch nicht.) Nur über Optisches gelang es, die Kinder in einen Spielvollzug zu bringen, den sie dann verstanden. Oft war aber selbst die Aufmerksamkeit auf Optisches ganz gering. Man mußte also sehr deutlich vorgehen. Der Spielvorgang: Zwei Trommeln werden von zwei Therapeuten als »Türe« gehalten – die Therapeuten stehen nebeneinander, einer hält mit der rechten ausgestreckten Hand, einer mit der linken Hand je eine Trommel, die sich berühren und quasi eine Flügeltüre darstellen. Nachdem die Kinder durch Vormachen eines Erwachsenen verstanden hatten, um was es geht, nämlich an eine der Trommeln anzuklopfen in dem vorgeschlagenen Rhythmus Tü-re auf!, haben sie es mit Leidenschaft nachgemacht. Nach dem Anklopfen öffnet sich die Türe, spontan und deutlich mit je einem Ausstellschritt der Therapeuten nach rechts, bzw. links wird gleichzeitig je eine Trommel weggezogen.

Große deutliche Bewegungen, intensives Mitsprechen der Wörter beim Anklopfen half den Kindern, Worte und Handlung zu synchronisieren. Die Begriffe »auf, zu, Türe, gehen, noch einmal« wurden verarbeitet und im Hören dem Tun zugeordnet. Es gab unzählige Wiederholungen. Der Vollzug hat in sich drei Komponenten:

1. Den Entschluß, es zu tun (anfänglich ein großes Hindernis)
   Vorstellung
2. Das Tun selbst, das Anklopfen
   Durchführung
3. Die Realisation, der Effekt: die Türe geht auf, man kann durchgehen,
   Ergebnis

Therapeutischer Aspekt
Impulsverstärkung durch Potenzierung von Sinneseindrücken.

5. *Erträgt das Kind, daß das Material ausgetauscht wird und hat es einen Gewinn davon?*

9. Beispiel

In der oben schon erwähnten Gruppe, in der ein Triangel individuell angespielt wurde als Zwischenteil des gesungenen Verses (2. Beispiel) ergab sich, daß ein mongoloides Mädchen das Triangel spielte und spielte und keine Neigung zeigte, das Triangel weiterzugeben. Es war die 4. in der Gruppe, drei Kinder warteten noch auf ihren Soloteil. Der Therapeut überlegte, sollte er eingreifen, jetzt sagen: »Es ist genug, die anderen möchten auch spielen«? Er sagte nur, ›schön spielst du, – fein‹ – Noch und noch tönte das Triangel. Aus der Erinnerung heraus wurde nachträglich die Zeit gestoppt – schon 15 Sekunden scheinen unmotiviert lang, ich glaube es war gegen eine Minute, bis das Kind aufhörte. Wirklich keine lange Zeit, aber innerhalb unseres Geschehens zu lang. Wir alle spürten es, nur das Mädchen nicht. Mit einem letzten Schlag, der sich vorher nicht als letzter zu erkennen gab – kein ritardando, kein Langsamerwerden, einfach Schlußsetzen –, hörte es auf und gab befriedigt das Triangel weiter. Am nächsten Tag war das gleiche Mädchen in allen Aktivitäten mit den anderen Kindern zusammen fertig, es übertrieb nicht in der Zeit. Vielleicht hat ihm das eine lange Tun, das nicht unterbrochen wurde, geholfen, sich nun zu beschränken und auch die Zeit auszutauschen.

Therapeutischer Aspekt
Mongoloides Kind erfährt »Zeit« und Verantwortung für seine Zeit.

10. Beispiel

In einer Gruppe von zehn Heimkindern, die in einem Kindergarten zusammengefaßt waren, im Alter von ca. vier Jahren war für eine Aktivität nur ein Instrument eingesetzt, es stand in der Mitte, die Kinder saßen im Kreis am Boden. Das Sopranmetallophon wird von einem Kind gespielt, ein anderes Kind sitzt ihm gegenüber und ist diesem Kind »Klöppelhalter«. Das Solokind sollte nämlich erst spielen, nachdem wir unser Lied gesungen und gespielt hatten.

Die Kinder konnten noch nicht zählen, so bedeuteten ihnen Zahlen und Uhrzeit nichts (... wenn die Glocke *acht* Uhr schlägt). Aber die »Veitglocke« kann schlagen. Damit nun das Solokind nicht überfordert ist im Warten und mit den Klöppeln unruhig hantiert, bis es endlich nach dem Lied die Glocken spielen darf, wurde der »Glockenhalter« eingesetzt. Aufrecht und deutlich sollen die Klöppel von ihm gehalten werden und nach dem Lied dem Spieler übergeben werden. Es waren vorzügliche Glockenhalter darunter. Der feine Unterschied zwischen ›du bist der Glockenhalter‹ und ›halte für ihn die Klöppel, damit er nicht vorher spielt‹ macht den Erfolg. Sind die Glocken gespielt, kommt ein Wechsel, der »Klöppelhalter« wird Spieler, der erste Spieler geht in den Kreis, ein neuer Klöppelhalter kommt.

Auch hier wurde das Sopranmetallophon zum allererstenmal eingesetzt und gleich in der Vorstellung »Glocke« getätigt. Es war voll eingerichtet. Jedes der einzelnen Kinder spielte seine Glocke individuell, jedes setzte seinen Schluß, mehr oder weniger bewußt, aber jedes tat es für sich. Das Geschehen ist aufschlußreich für das Verhalten der einzelnen Kinder. Keines war dem anderen gleich, sie imitierten sich auch nicht in der Art, nahmen aber Ideen auf und verarbeiteten sie.

Die Tuttiform, das Singen des Verses, hielt die Gruppe zusammen. Deutlich wurde gestisch die Alternative von früh und spät mitvollzogen:

»nicht zu früh«
die eine Hand wird seitlich erhoben, man spricht in diese Richtung,

»nicht zu spät«
die andere Hand entsprechend erhoben, man spricht in dieser Richtung,

»wenn die Veitglocke schlägt« die Hände werden zum Klatschen zusammengeführt.

Auch hier können dreißig Sekunden lang sein für die individuell gespielten Glocken. Man muß es als Therapeut aushalten, es lohnt sich. Denn wenn ein Kind dies darf, um dann von sich aus aufzuhören, hat es zur Befriedigung, daß es gespielt hat, noch die Befriedigung, mit einer Zeitspanne verantwortlich umgegangen zu sein.

Therapeutischer Aspekt
Toleranz innerhalb einer Gruppe.
Eigene Verantwortung für ein Spielgeschehen, hier in bezug auf Agogik, Tempo und Art.

Sprache

... j'adore un Dieu palpable
Teilhard de Chardin

Die Sprache ist ein wesentlicher Bestandteil des Orff-Schulwerks und als rhythmisch-klangliches Element dort eingesetzt. In der Therapie wird die Sprache von der gleichen Grundlage her behandelt. Oft ist aber keine Sprache vorhanden oder kein Sprachverständnis. Es muß vom Therapeuten ein akustisch-sprachliches Reizklima hergestellt werden, mit sinnvoller, signifikanter optischer Unterstützung. Das Kind muß auf einen Vorgang hin gespannt werden, so ist zumindest seine Aufmerksamkeit auf ein Vorgehen hingelenkt.

Die Sprache kann eingesetzt werden als 1. *rhythmischer Ablauf* oder als 2. *meditativer Zustand.* Eine stark konsonantische Sprache mit viel r, s, t wird in seltenen Fällen meditativ frei interpretiert werden, sie wird stark rhythmisch interpretiert werden.

Beispiel

Rab, Rab, Dürrbein,
d'Leute sagn, du hast nur ein'
ein Bein, ein Bein.

Dieser Vers, der im Beginn stark auf R betont ist – und diese Rs sind wie zwei oder drei Rs zu sprechen – hat in der 2. Zeile betonte S, in der dritten Zeile, die dem Originalvers zugefügt ist, ei- und n-Laute – die der 2. Kategorie, der meditativen, zugehören. Der Vers wird also stark rhythmisch forte angefangen und endet quasi in der Betrachtung des »einen Bein«, von der forte Spannung heruntergehend, in einem ritardando verlaufend. Dies scheint vielleicht viel Erklärung für einen kleinen Vers, aber so bekommt er Leben.

Jedes sprachliche Material sollte greifbar, plastisch, anschaulich gebracht werden, vom eigenen Material her. Da ist vorher keine

Geschichte zu erzählen von einem Raben, vielleicht auf einem Herbstfeld usw. Das Material selbst soll Eindruck machen, auch wenn es vielleicht nicht gleich verstanden wird. Das Phonetische geht über das Semantische in dieser Arbeit. Der Therapeut soll in seinen Vorarbeiten den Text dahingehend erforschen, ihn in seinem Kern erfassen. Die signifikanten Spitzen oder Flächen, Farben oder Monotonien sind lautlich herauszuarbeiten. Diese Übertreibungen erreichen eher die latente indifferente Hörbasis Sprach- und Hörgestörter, reizen und bekommen Einlaß. Die dramatische Potenz im Kind soll angesprochen werden.

Ein zweites Beispiel, stark rhythmisch betont, aber eher im Leisen, sei angefügt. Es kann sich steigern zu einem forte und wieder abnehmen, aus der Vorstellung, d. h. die Vorstellung ergibt sich aus dem Klang, von mehr Enten, vielen Enten, die zusehends mit dem Klangvolumen Freude an ihrem Barfußgehen empfinden. Hier sehen wir die Potenz in einem Klangvolumen, wie Klangsteigerung Intensität hervorruft und gleichsam Wirklichkeit werden kann. Hier sieht man den therapeutischen Wert im Einsatz akustischer Phänomene:

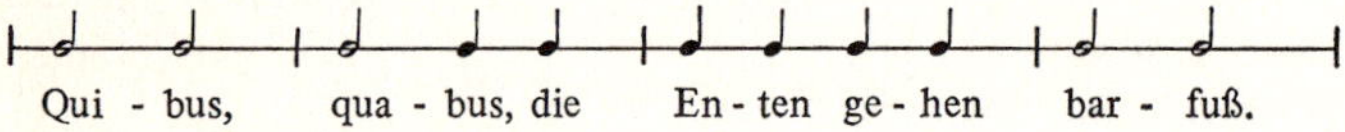

(Diese Beispiele sind der Sammlung *Allerleihrauh* (von H. M. Enzensberger) entnommen, die nicht genug empfohlen werden kann).

Ein Beispiel aus dem *Schulwerk*, Band I, sei hier angefügt:

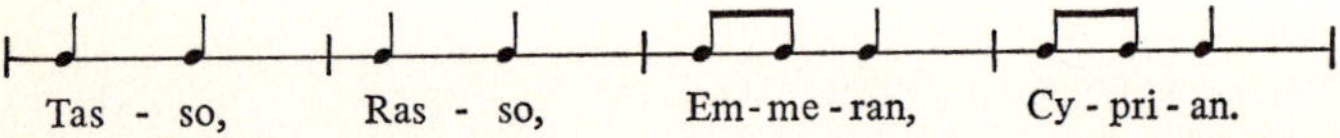

Vier Namen, stark konsonantisch. Sie ergeben in meiner Vorstellung einen Aufzug, eine Prozession von Vielen. Sie kommen von der einen Seite, ziehen vorbei und gehen fort in die andere Richtung. Dies ergibt als Zustand: die Erwartung, daß sie kommen, das Erscheinen, den Höhepunkt, sie gehen gerade bei uns vorbei, das Vorbeisein, sie entfernen sich, sie verschwinden. Vielleicht kommen sie wieder? Ja! Dort kommen sie wieder. Aus den vier Wörtern wird eine Szene, die Wiederholung der Namen wird sinnvoll, ein langsames Anwachsen des Klangvolumens ergibt sich, ein Abnehmen des Volumens ist organisch. Die eintretende Stille im Verschwinden, im imaginären Nichtmehrsehenkönnen wirkt auf die Gruppe stark verbindend.

Dagegen steht die meditative Gestaltung, die frei rhythmisch gesprochen wird, man kann an jeder Verszeile verweilen, Vokale überwiegen, die Suggestion liegt im Ausmalen dieser Vokale und im langsamen Vollzug:

Ein Haus voll,
ein Land voll,
und am End ist's
keine Hand voll.

Es kommt dem kindlichen Spieldrang entgegen, auch mit der Sprache zu spielen. Geistig behinderte Kinder haben oft einen elementaren Bezug zu klanglicher oder rhythmischer Sprache. Sie können an einem Wort hängen bleiben, das schön klingt, das fremd klingt. Zikade! Die melodische Inhärenz der Sprache kann bereits in einem Wort freigelegt und bewußt gemacht werden. Wir spielen mit dem Wort Zikade:

oder

oder

Der Sprechton entspricht in etwa den Intervallen.

Das inhärent Melodische der Sprache kommt auch bei Namen zum Vorschein. Das natürlichste Intervall ist dabei wohl die kleine Terz. Namen können aber auch in einen rhythmischen Bezug kommen, mit oder ohne melodisches Intervall. Dabei lasse man sich in der Zusammenstellung vom Phonetischen leiten.

Ganztaktig beginnende Namen, im Daktylusmetrum, im Gegensatz zu auftaktigen, im Anapästmetrum

Rósmarie, Théodor, Míchael, Ísabelle,

gegen

Martína, Janína, Andréas, Bettína – Tobías, Matthías
(piano)   (forte)

Hier wird im Gegensatz zum oben erwähnten ›Tasso-Rasso‹ nur rhythmisch-syllabisch betont gesprochen, nur in Hinwendung zu Sprachstruktur und Sprachsilbenelementen.

Im auftaktigen Zweierrhythmus (Jambus) sind deutsche Namen selten, wenn sie nicht extrem betont sind wie Sofíe, Maríe:

Michèle, Danièle, Sofíe, Marcélle

Einsilbige und ganztaktig zweisilbige Namen (Trochäus) überwiegen bei unseren deutschen Bubennamen:

Stefan, Peter, Thomas, Holger,
Norbert, Roland, Christof, Marc,
Axel, Dietmar, Wolfgang, Ludwig,
Tibor, Martin, Rainer, Ralf.

In der Zusammenstellung dieser Namen ging ich meine gegenwärtigen Listen durch. Doch halten sich darin die dreisilbigen Bubennamen ganztaktig oder auftaktig in einem guten Verhältnis:

Óliver, Rǘdiger, Jóachim,

Tobías, Andréas, Matthías

Über die Eigennamen hinaus sollten wir auf die Sprachmelodie innerhalb der ›gewöhnlichen Sprache‹ aufmerksam werden. »Poetry contains all the elements of musical melody ... poetry not only provides rhythms and suggests different pitches but with each of its syllables introduces new tone-colours.«*

* Gostaski, D.: the 3. Dimension of poetic Expression, in: The musical Quarterly, New York, July 1969.

So haben wir eine natürliche Verbindung der Sprache einerseits zu Intervallen, andererseits zu Rhythmen, den zwei wesentlichen Komponenten von Musik. Es ist gerade das, was die Sprache bereichert, innerhalb einer Musiktherapie kann man diese Möglichkeiten gewinnen. Das phonetische Phänomen gibt Wege frei zum semantischen Verständnis. Wie wir schon gesagt haben, übertreiben wir dabei zugunsten der Plastizität und der Wirksamkeit.

Moooooohn . . . . . . Phlox

Ein einsilbig lang gesprochenes Wort wie Mohn besteht dann fast nur noch aus dem Vokal o, während bei dem kurz gesprochenen Wort Phlox, das o zugunsten der Konsonanten und des Endkonsonanten x kurz gesprochen wird. Wir haben dabei einmal ein dunkles, einmal ein offenes o. Ein Wort wie Fisch kann extrem betont werden, das lange schschsch assoziiert sofort Wasser, Specht . . . kurz lautmalerisch, Storch . . . als großes, ganz in sich stehendes Wort, Fink . . . als zierlich schnelles. Steigerung eines Wortes ist möglich, wenn man innerhalb einer Spezies bleibt und von Fisch auf Goldfisch kommt, auf Tintenfisch, von Specht auf Buntspecht, von Nuß auf Haselnuß, auf Erdnuß.

Ein sprachliches Phänomen ist der Reim, Gedankenzusammenhang und Klangzusammenhang geben sich die Hand. Eine ganze *Divina Commedia* ist darauf aufgebaut. Man sagt, Dante habe die Terzinen hierfür erfunden, deren dreizeilige Strophen im erregenden pattern von aba bcb cdc ded usw. fortschreiten, wobei der neue Reimimpuls jeweils in den alten eingebettet ist. Eine Übersetzung kann dies nicht nachvollziehen. »Man weiß nie zu viele Sprachen . . . Gute Übersetzungen in Ehren – aber den originellen Ausdruck kann keine ersetzen und die Ursprache ist in Wort und Wendung schon selber ein historisches Zeugnis höchsten Ranges.«* In dieser Arbeit kann ein Sinn und die Lust für Sprachen gelegt werden. Das Erkennen des Reimes, der quasi Zwang des Reimes, Reim als Leitfaden der Imagination und des Gedankens wird vom geistig behinderten Kind meist nicht empfunden und vollzogen. Als Beispiel

Du und ich, ich und du
wer das Geld hat, kauft . . . . einen Apfel!
. . . . eine Bretzel!

* Burckhardt, C. J.: *Weltgeschichtliche Betrachtungen.*

Der Nichtvollzug eines Reimes stört ein geistig behindertes Kind überhaupt nicht. Es überspringt nicht seinen ersten Gedanken, was es selbst jetzt am liebsten kaufen würde zugunsten des Reimes. Es bleibt vordergründig, realistisch hängen. Es versteht nicht das »Dahinter«, es denkt nicht blitzschnell weiter, es versteht den Witz nicht. Das Verständnis für Reim, die Fähigkeit Reim zu vollziehen, kann als Kriterium für geistige Reife gewertet werden.

Reimverständnis kann wie Spielverständnis gewertet werden, als positiver Faktor innerhalb eines Wertquotienten. Gostaski meint hierzu:

»Rhyme succeeds in introducing into poetry
the (1) richness of musical tone-colours,
the (2) logic of cadence,
the (3) subtlety of modulation and
the (4) symbolic value of harmonies.

Man kann Spastiker, die im allgemeinen wenig Motivation zur Bewegung haben, mit sprachlichen Impulsen dazu reizen. Der Impuls der Worte, in Suggestivsprache, unterstützt den Impuls der Handführung, der Bewegung überhaupt.

Alle Spielaufforderungen während einer Stunde sollen bewußt sprachlich geformt werden. Sie kommen so in den Rang nonverbaler Aufforderung und sind spielgebunden. Man hüte sich natürlich vor gekünstelten Übertreibungen.

Querverbindungen von Rhythmus zu Sprache und von Sprache zu Rhythmus sind oft herzustellen. Die Verbalisierung eines Rhythmus hilft den Rhythmus zu behalten und zu erinnern. Übertragungen verbaler Substanzen auf die nonverbal rhythmische Ebene, durch Klatschen, Gehen, usw. ergibt Spannung, verlegt die Rede nach innen, ein Prozeß, wenn er in der Gruppe durchgeführt wird, von stark kommunikativer Valenz. Für den Stotterer ist diese Art eine Möglichkeit, Rede innerlich schnell und korrekt zu vollziehen, mit einem Arm nach außen, z. B. durch das Mitklatschen. Sie hilft schließlich dem Fluß der Rede.

Das Wort Bewegung wird im Deutschen gleich für die innere wie die äußere Bewegung verwendet. Das entsprechende lateinische Wort *motio,* die Bewegung, hängt mit *emotio,* die innere Bewegung, zusammen, beide Worte kommen vom Verbum *movere,* sich bewegen.

Beim behinderten Kind im allgemeinen ist immer die Bewegung mitgestört, meist die Bewegungslust eingedämmt, wenn wir absehen von der unruhigen Bewegung eines Erethikers, es fehlt an proportionierter Bewegung. Es fehlt auch die innere Bewegung zu etwas hin, die Sprachbewegung hin zu jemandem, im allgemeinen fehlt die Motivation zur Bewegung. Im krassesten Fall, dem Autismus, ist es wie eine nach innen gedrehte Bewegung, alles nach außen und von außen Kommende wird abgewehrt. Die stereotype Bewegung eines Autisten mit der äußeren Handfläche und dadurch auch mit der Außenseite der Finger etwas abzuklopfen, ist eine abwehrende Bewegung, eine Bewegung weg von sich, während die übliche Klopfbewegung, mit der Handfläche nach innen zeigend, eine Kontaktbewegung ist, die Explorieren und Ergreifen mit einschließt. Im Deutschen haben wir eine Analogie von Ergreifen und Ergriffensein, ein Autist ist unergriffen.

Wenn die Bewegung fehlt, fehlt auch der soziale Faktor, es wird keine Verbindung zu Menschen und Dingen eingegangen. Hinwendung, Zuwendung als Adversivbewegung ist nicht nur motorisch, sondern erfüllt auch den psychischen Gehalt des Wortes im Sinne der Aufmerksamkeitszuwendung.* Die Aggression ist eine pervertierte soziale Zuwendung. Das Sich-Äußern und die damit verbundene Bewegung zu etwas hin ist eine zutiefst im Menschen angelegte Eigenschaft, die, wenn sie sich nicht positiv hinwendend, dialogisch äußern kann, sich aggressiv, in der Erwartung einer Abstoßung äußert. Meist ist die aggressive Bewegung eine pervertierte, nicht angenommene kreative Bewegung. Wenn wir sagen »ich nehme etwas in Angriff«, in dem Sinne von »ich setze mich mit etwas auseinander«, so ist dies eine positive Metapher.

Die enge Verbindung von Musik und Bewegung in unserer Arbeit hilft der Bewegung und hilft der Musik. Sie bedingen sich wie

* Hassler, R.: *Hirnforschung und Psychiatrie.*

Schlüssel und Schloß. Durch die verschiedenen Behinderungen ist die motorische Fähigkeit fast immer in Mitleidenschaft gezogen, oft bleibt nur geringe Bewegungsmöglichkeit. Aber die musikalischen Mittel sind dann gerade Bewegungsauslöser und motivieren sie. In unserer Arbeit hat Bewegung verschiedene Erscheinungsformen – von gestisch-mimischer, meist *nonlocomotor,* sich nicht vom Platz bewegend, zu Bewegungen *locomotor,* sich vom Platz bewegend, in individueller und rhythmisch-gebundener Art bis zu gestalteten Bewegungsabläufen.

Wenn ich auf mich deute und dann auf den anderen in rhythmischer Gestaltung, wenn ich nach oben deute und nach unten habe ich Kontrastbewegungen, die im zeitlichen Nacheinander musikalisch-kanonisch ausgenützt werden können, aber sich auch sofort in sozialen Wert ummünzen lassen. Wenn ich, unterstützt von Trommel und Flöte, gehe oder laufe, habe ich eine gute rhythmisch-motorische Übung. Kommt aber als Kontrastpart dazu, daß ich beim Stehen einen Partner anklatsche, so habe ich eine enorme Verstärkung. Ich werde mein Gehen so einrichten, daß ich beim Stehen, dann, wenn die Flötenmelodie ihr Ende haben wird, mit einem zusammentreffe oder nicht zusammentreffe. Es bedeutet dies für das Gehen eine Motivation. Das Anklatschen mit dem Partner kann in der gleichen Länge geschehen, die das Flöten- und Trommelduo hatte, in einem gleichmäßigen *timing*. Bei nicht schwer geschädigten Kindern ist dies möglich. Die gleiche Phrasenlänge verlängert die Aufmerksamkeitsspanne, da sie die aktive Aufmerksamkeit entlastet durch das Spüren des gleichgewichtigen Rhythmus.

Bewegungsübungen im Echostil – ich klatsche, du klatschst mir nach – haben sozialen Wert. Hier ist eine Analogie von Bewegung und Erwartung. Wenn ich in den Kreismittelpunkt gehe mit anderen, rhythmisch-lautlich motiviert mit Klangsilben

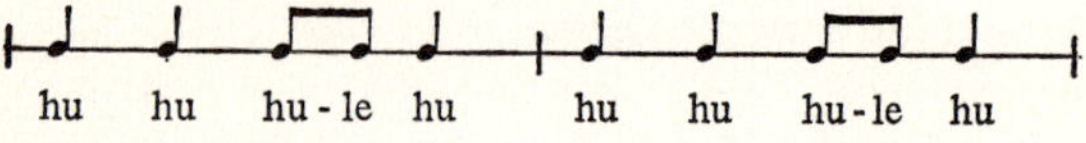

dann eng mit den anderen stehe und wieder rückwärts auseinandergehe mit Klangsilben wie

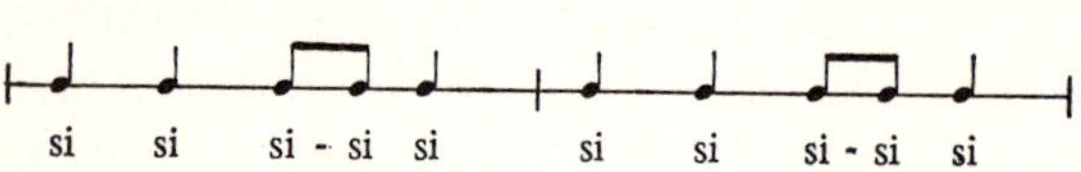

habe ich zur Bewegung eine soziale Erfahrung. Wenn ich dazu akustische Signale von außen bekomme, die von allen gemeinsam exkodiert werden, verstärke ich das Kommunikationsgefühl aus Spannung und Bindung untereinander. Nichts braucht erklärt zu werden, die nonverbale Kommunikation ist da. Wenn ein Kind einen Kreis in einer rhythmisch-sprachlichen Aktivität umgeht und alle anderen sitzen oder stehen im Kreis zusammen, ist das eine Erfahrung des eigenen Ich versus die anderen. Es stärkt durch das Alleinsein. Wenn ein Kind dann ein anderes auswählen kann durch spielgebundenes Rufen usw., stärkt dies die Entscheidungsinitiative. Man wird ein sozial guter Partner, wenn man allein sein und entscheiden kann – Voraussetzungen zur Hinwendung.

Eine nicht sichtbare Bewegung oder nur innerlich gespürte Bewegung, bei der sich bewegungsmäßig nach außen kaum etwas kundtut, hat eine enorme sozial-kommunikative Wirkung. Händegeben im Kreis zum Beispiel, man bildet einen »Stromkreis«, man verstärkt den Strom durch Druck, man vermindert ihn, man gibt Stromimpulse: eine Rhythmuseinheit wird durch Händedruck einseitig im Kreis weitergegeben, bis sie wieder zum Sender zurückkommt. Ist es noch die gleiche Einheit? Wo hat sie sich verändert und warum, durch Nichtkönnen, durch Witz oder Spielstörung? Der Therapeut wird je nachdem reagieren. Wenn ein Händekreis durch Verweigern nicht gelingt, mag ein Kreis der Füße gelingen: sie berühren sich, im Sitzen, als Kontrast macht jeder einen Wirbel mit seinen Füßen. Es ergibt sich eine Leise-laut-Spannung. Die laute Phase sollte nicht gescheut werden, mit Hilfe des Stromkreises hat man einen Leitfaden, hätte man ihn nicht, gäbe es Stromschläge, zu starke Ausschläge, die nicht mehr von der Gruppe gehalten werden können. Dieser Stromkreis wird nicht-direktiv, von innen heraus, gehalten. Darin liegt der therapeutische Wert. Der Kontrast hilft zur Balance. Die lauten Ausbrüche, hier die heftigen Wirbel mit den Füßen, sind ein Ventil, aber ein gesteuertes. Diese dramatischen Effekte sind therapeutisch wirksame Effekte, wirksam aber auch in einer Gruppe mit gesunden Kindern. Hier kann man auch eine Leise-Spannung nur mit den Augen herstellen, mit einem Wimpernzucken, vielleicht in einem Kontrast mit starkem Stampfen.

Bewegungsabläufe, die einer initiiert und die von den anderen im Spiegel imitiert, d. h. gleichzeitig und seitengerecht ausgeführt werden, geben dem einzelnen Verantwortung für die Bewegung und im selben Maße ein Erfolgserlebnis. Sie sind stark kommunikationsfördernd.

Ergänzendes Material

Von der Vielfalt des Materials, das man hier zuziehen kann, möchte ich nur zweierlei näher beschreiben: kleine Teppichflecken als Raumordner und Reifen in verschiedenem Einsatz.

Wenn wir sitzen, sitzen wir auf dem Boden, auch die meisten unserer Instrumente werden so sitzend gespielt. Wir haben einen größeren, glatten, einfarbigen Teppich von etwa zwei mal zwei Metern als Mittelplatz, als Platz für die Kleinen, als Intimplatz für die Größeren, dazu eine Anzahl kleinerer Teppichflecken in Kontrastfarben: man kann sie als Kreis legen, um den Innenteppich oder als Rechteck, allein oder in zwei Reihen. Die räumlichen Kombinationsmöglichkeiten sind vielfältig, Assoziationen vieler Art sind möglich, es können Inseln sein oder Häuser, man kann einen Wegteppich bauen oder zwischen ihnen eine Straße. Es sind individuelle Außenplätze für einen, mehrere oder alle, auch Instrumentalplätze, sie können auch als natürliche Bewegungsbegrenzung eingesetzt werden. In allen Fällen können sie eine nonverbale Aufforderung übernehmen. Sie regen zu rhythmischen Gehmustern an: gehen in den Zwischenräumen, hüpfen auf den Teppichen, stampfen in den Zwischenräumen, Zehenspitzengang auf den Teppichen, usw. Sitzend auf den Teppichen, akustisch-optisch wirksam verbunden, klopfen vor dem Teppich, auf dem Teppich, hinter und neben ihm.

Wenn die Kinder hereinkommen, stellen sie sich nach ihrer Wahl auf einen roten oder weißen Teppich, sie rufen: »Ich bin auf rot«, »ich bin auf weiß«, sie rufen dies einzeln oder gemeinsam, die Farbe bindet. Der Therapeut spielt nun die Flöte, die Kinder gehen um, solange sie das Instrument hören. Günstig ist ein gleiches Ende, auf das man gesondert aufmerksam macht, vielleicht auch verbal unterstützt und dominantisch hält, etwa so

Diese melodische Phrase kann man als Ende an verschiedene Melodievarianten anhängen, so daß die Kinder auf das Ende aufmerksam werden und es erwarten. Sie stellen sich dann auf den nächsten Teppichfleck und wiederholen: »Ich bin auf rot«, »ich bin auf weiß.« Eine Erweiterung dieser Aktivität ist: »Rot soll gehen«, »Weiß bleibt stehen«, nichts weiter muß erklärt werden, die Spielanweisung ist spiel- und rhythmisch gebunden. Viele Varianten in dieser »Rot-weiß« Aufforderung sind möglich. Großen Spaß machte einer Gruppe geistig behinderter Kinder eine Begrüßung dieser Art: »Grüß Gott Herr Rot«, »Grüß Gott Frau Weiß!«

In einer Gruppe Gehörgeschädigter im Alter von drei bis vier Jahren war solch ein kleiner Teppich, umgrenzt mit einem Reifen, der Aufweckplatz. Das Spiel wurde in horizontaler Koordination zu folgender Form aufgebaut: Ein Kind umrundet gehend und klatschend den Kreis der sitzenden Kinder, solange diese die Klangblöcke spielen. Hört und sieht es sie nicht mehr spielen, geht es auf den vorbereiteten Außenplatz, den Teppichplatz mit dem Reifen und kniet sich dort »schlafend« hin. Es kann uns nicht mehr sehen. Hört es dann das vorher ausgemachte Instrument, einen Triangel- oder Trommelschlag, erwacht es mit großer Geste. Sein Hörvermögen war auf diesen Vorgang gespannt und dadurch unterstützt. Die Verlängerung und der Abschluß des Spiels kam durch ein Kind: Spontan nahm es seinen Reifen und umhüpfte uns, wie wir es schon gemacht hatten, wir klatschten dazu. Es war nun eine ausgewogene dreiteilige Form geworden, linear verbunden, die einzelnen Teile gesondert erarbeitet.

Ein Reifen wurde als Therapieinstrument bei einem sehr kranken Buben erfolgreich eingesetzt. Er leidet am Lesch-Nyhan-Syndrom und hat den dauernden Zwang sich zu kratzen, im Gesicht, an den Händen, auch am Körper. Aus diesem Grunde sind seine Hände eingebunden. Der Therapieplan war, den Buben so zu interessieren, daß er den Kratzzwang vergaß. Da mehrere Erwachsene, Therapeuten und Ärzte anwesend waren, konnte auf Xylophonen und Glockenspielen ein »akustisches Klima« erzeugt werden, eine sinnfällige Melodie mit Begleitung. Er hörte zu, er war fasziniert. Als Zwischenteil spielte jeder sein Instrument mit ein paar Schlägen an und fragte ihn: »Wer hat gespielt?« »Du« sagte er in seiner kaum verständlichen Sprache, sein Sprachvermögen war ganz begrenzt, und deutete auf die Person. Später spielte er, motorisch sehr ungeschickt, ein paar Schläge auf der Trommel mit.

Nun wurde der Reifen eingesetzt. Er wurde von den Therapeuten waagrecht gedreht, unterstützt mit den rhythmischen Worten: »Reifen, Reifen, dreh dich«, wiederholt gesagt, dazu wurde eine Schelle geschüttelt. Wieder schaute er fasziniert von seinem Rollstuhl aus zu. Ein lautgesprochenes »Halt« unterbricht das Reifendrehen. Bald sagt der Bub selbst das »Halt«. Da er sonst wenig und sehr verzögert spricht, war das nun oft in schnellen Intervallen von ihm gesprochene Halt sensationell. Er wollte mitdrehen, man wagte, ihm die eine Hand auszuwickeln. Er ließ die Hand am Reifen, drehte mit und sprach das Halt. Später gelang dies mit beiden Händen. Er ergriff einen Schlegel und spielte das Becken an. Seine Bewegungen waren unkontrolliert und durch Spastizität gehindert. Er hatte Gefallen, das vibrierende Becken mit der Hand zu stoppen, zu »schnappen«, er sagte voraus das Wort »schnapp« und griff dann mit beiden Händen zu, was den Klang wegnimmt. Es waren kleine, aber doch aktive Beiträge. Ein sich am Ort drehender Reifen, der sich zu Ende dreht, dabei den Boden berührt, lauter wird, bis er schließlich still liegt, amüsierte ihn sehr. Es ist dies durchschnittlich ein Ablauf von etwa einer halben Minute. »Mehr« sagte er, wenn der Reifen still lag. Bis zu achtmal konnte er interessiert zuschauen, wobei der Drehplatz gewechselt wurde. Wenn der Reifen dann wieder bei ihm war, unterstützte der abgelaufene Vorgang seine eigenen Reifenbewegungen.

Der therapeutische Einsatz war, wenn auch mit geringen Mitteln, mehrdimensional: motorisch-rhythmische Aktivität durch das Reifendrehen, das Schütteln der Schelle, das Schlagen des Beckens oder der Trommel mit jeweiliger verbaler Verbindung; als Spielregler kam noch Entscheidungsaktivität mit dem Erlebnis der Spannung und der Verwirklichung dazu. Während dieser Stunden hatte er sich nie gekratzt, obwohl die Hände unverbunden waren. Es war danach möglich, ihn einige grobmotorische Steckspiele ausführen zu lassen, auch hier hielt die Spannung, so daß er sich nicht kratzte. Die Freude, die diese Aktivitäten und Vollzugserlebnisse auslösten, auch die sie begleitende Spannung, mögen die Sekretionswege und chemischen Umsetzungen beeinflußt haben.

In einer Gruppe größerer Verhaltensgestörter wurde folgende Spielanweisung gegeben: »Denkt euch einen Platz und geht auf ihn, wenn ihr ein Signal hört (z. B. Holzstäbchen), ändert aber nicht mehr eure Wahl!« Lautlos sollte dies Spiel vor sich gehen, es bewirkt eine gute Kommunikation durch seinen Überraschungseffekt. Oder: »Geht solange ihr den Klang des Beckens hört, richtet aber euren Weg so ein, daß ihr vor Ende des Klanges auf dem ausgesuchten Platz seid.« (Platz = im Raum verteilte Teppichflekken).

Für ein Mädchen mit epileptischen Anfällen, verhaltensgestört und sehr erethisch unruhig, sieben Jahre, ohne Sprache, waren die im weiten Kreis gelegten Raumflecken eine Begrenzung in seinem Herumlaufen, es verstand sie als nonverbale Aufforderung. Um es dann von seinem stereotypen Kreislaufen wieder abzubringen, standen Therapeuten »im Weg«; erst stoppte es nicht, schlug aber nach einiger Zeit mit der Hand auf die angebotene Trommel. Später blieb es bei einem Therapeuten stehen, schlug auf dessen Trommel und bewegte sich, dem Therapeuten folgend, in dessen Sinn. Es kam der Bewegungsaufforderung nach. Dem stereotypen Laufen des Mädchens waren somit Zäsuren gesetzt. Von anfänglich nur zwei ruhigen Sitzminuten innerhalb von dreißig Minuten steigerte es sich in drei Wochen zu zwanzig ruhigen Sitzminuten im Vergleich zu zehn gestalteten Laufminuten.

Auch Reifen bewähren sich als Begrenzung und Einfriedung: ein kleiner roter Teppich, darauf ein Reifen, darin ein Glockenspiel, das ist ein gut vorbereiteter Platz, der der Konzentration hilft.

In einer Gruppe blinder Kinder war dies ein Rastplatz, den man entlang einer Klangstraße, gebildet aus einzelnen Klangblöcken, erreichte. Ein blindes Kind geht an diesem Klangzaun entlang, den es im Gehen anspielt, und kommt zu einem Rastplatz, dem Reifenplatz. Hier setzt es sich, probiert das Instrument. Vielleicht bekommt es Besuch von einem anderen blinden Kind, es hört es entlang des Klangzaunes kommen, vielleicht bleibt es bei ihm sitzen, ein Echospiel kann sich entwickeln oder ein Dialog. Bei sehr kleinen Blinden ist die Klangstraße ad hoc gebaut, ohne System, bei größeren kann es eine Straße bzw. ein Zaun aus Terzen, aus Quarten sein, oder gebildet aus verschiedenen Tonarten. Dies läßt sich auch für sehende Kindern abwandeln.

4. Die praktische Arbeit

Koordination der Materialien

Die Koordination der Materialien bekommt eine besondere Berechtigung durch die funktionelle Verknüpfung der sensorischen Systeme. »Die These von der Einheit des Organismus ist keine leere Phrase. Der pathologische Zustand eines beliebigen Funktionssystems des Organismus wird von anderen Funktionssystemen beeinflußt . . . ein pathologischer Zustand braucht nicht nur durch eine Funktionsstörung des einen oder anderen Systems im Organismus entstanden zu sein, sondern kann auch die Folge einer Störung von Systemverbindungen sein, auch wenn die isoliert betrachteten einzelnen Systeme ohne merkbare Normabweichungen sind. Das Problem der Wechselwirkung ist eines der wichtigsten in der zeitgenössischen Biologie und Medizin«.*

Da wir es mit behinderten Kindern zu tun haben, deren Sinne und deren Wesen nicht direkt, spontan und der Norm entsprechend reagieren, versuchen wir, die Sinne und das Wesen von mehreren Impulsen gleichzeitig anzugehen, in der Erwartung, daß ein Stimulus wenigstens oder ein Komplex von Stimuli treffe.

Unser Angebot an das Kind kann in einer direkten Aussage auf uns zurückkommen. Das Kind hat reagiert. Es kann aber auch, vorläufig unsichtbar, sich im Kind niederschlagen. Es braucht in manchen Fällen und bei manchen Kindern eine Anzahl von Impulsen, die im Kind wie in einer Quelle gefaßt werden, um dann spontan, oft für den Therapeuten in diesem Moment nicht erwartet, hervorzusprudeln. Es bedeutet dies für den Therapeuten und seine Arbeit, daß sein Angebot fortgesetzt intensiv bleiben muß, allerdings mit wechselnden Impulsstößen, von denen dann einer den Durchbruch beim Kind schafft. Hat man diesen Erfolg schon in der ersten Begegnung in der Weise, daß das Kind uns mit irgendeiner Äußerung seinen Kontakt kundtut, werden wir überlegen, wodurch dies möglich war, um auf dieser Bahn weiter anzubieten.

* Feigenberg, J. M.: *Funktionelle Verbindungen der sensorischen Systeme*, Hippokrates Verlag, Stuttgart, 1972.

Die Materialien können nun im Sinne von

1. nebeneinander, nacheinander geordnet werden und im Sinne von
2. mit- und übereinander.

Im ersten Fall linear und zeitlich hintereinander, im zweiten Fall vertikal und gleichzeitig. Im ersten Fall kann aus den gesondert erarbeiteten Teilen ein Ganzes entstehen, die Koordination von nebeneinander in ein Ineinander. Im zweiten Fall werden mehrere Einheiten gleichzeitig nach schneller Verständigung verbunden.

Der linearen wie der vertikalen Koordination stehen elementare Einheiten zu Verfügung. Diese verknüpfen sich zum Beispiel aus

Sprache und Bewegung (Gestik)
Rhythmus und Sprache
Rhythmus und Bewegung usw.

In sich bilden sie die elementare Koordination.

1. Die lineare Koordination
Sie ist immer dann anzuwenden, wenn Kinder zu viel auf einmal nicht bewältigen, wenn ein Komplex gar nicht berührt, sondern eher verwirrt oder verletzt. Beim Autisten wirkt kein komplexes Angebot, er verschließt sich, er wird verletzt. Bei geistiger Retardierung, bei Mongoloiden, auch bei Konzentrationsschwäche und bei hyperaktivem Verhalten aus hirnorganischer Schädigung ist die lineare Koordination gegeben. Diese Kinder werden aber angeregt, wenn sie an einem komplexen Geschehen wenig behinderter oder normaler Kinder rezeptiv teilnehmen, also zuschauen, ohne daß gleichzeitig von ihnen viel gefordert wird. In einer gesonderten Therapie kann man dann auf die rezeptiv erfahrenen Elemente aufbauen. Auch Autisten bekommen eine Menge von ihrer Umgebung mit, sozusagen peripher, »schräg«, ohne es sich und anderen zuzugeben. Die lineare Koordination ist also überall da anzuwenden, wo durch schrittweises Vorgehen, durch Wiederholungen, durch Üben auf den Zustand des Kindes eingewirkt werden kann. Von verschiedenen Teilaspekten her wird Erfahrung zu einem Ganzen gesammelt und aufgebaut.

2. Die vertikale Koordination
spricht komplex an und wird angewandt immer dann, wenn man durch Intensivimpulse einwirken will,

bei Sinnesminderungen, in der Erwartung, daß *ein* Sinn getroffen wird,
bei aggressiv Verhaltensgestörten, um ihr Interesse zu gewinnen,
bei schwerer Spastik und Körperbehinderung, um Motivation zur Äußerung hervorzurufen.

Beim Sinnesgeschädigten scheint die vertikale Koordination zunächst paradox zu sein. Sie wird auch praktisch von ihm nicht rezeptiv mitvollzogen. Der Hörgeschädigte bekommt das Akustische, der Sehgeschädigte das Optische nicht mit. Das Akustische wird beim Hörgeschädigten aber durch das Bewegungsmäßige sinnfällig und auf diese Weise kompensiert, das Optische kann beim Blinden durch die Potenz einer Tongestalt erfahren werden. Die Distanzen im Raum werden gehörmäßig erfaßt. Das Bewegen eines Tones im Raum modelliert den Ton und strukturiert den Raum, er wird akustisch abgetastet.

Beim Verhaltensgestörten, Unkonzentrierten kann man vom Gesamtkomplex in eine Teilarbeit kommen, das Rhythmische zum Beispiel genau erarbeiten, das instrumentale Spiel differenzieren. Bei einem Stimmungsschwund sollte man wieder das Interesse in einer vertikalen Koordinierung binden und überhaupt wieder nach der Teilarbeit zusammenfassen.

Die zusammenfassende Koordination wird sich bei schwerer Spastik im rezeptiven Sinn vollziehen, d. h. wenn das Kind zuhört und zuschaut und gefesselt wird von einem akustischen Geschehen, das im günstigen Fall mehrere Therapeuten gleichzeitig ausführen. Das Kind wird dann etwas in Einzelheiten mitvollziehen können, manchmal ganz, ganz wenig nur, aber sein Beitrag ist dann eingebaut in ein bereits bestehendes Klangvolumen. Es identifiziert sich mit dem Klangvolumen, stärkt sich daran, es ist ihm Motivation und Stimulation für weiteres eigenes Tun.

Die vertikale Koordination kann sich durchaus aus einer linearen entwickeln, man unterbricht dann aber nicht den Fluß. Die einzelnen Elemente, das Klatschen, das Singen, das Sprechen, das Spielen werden im Tun erlernt und hintereinander von allen interpretiert und dann an die einzelnen während des Tuns verteilt. Die einzelnen Teile fungieren hier als Spannungsträger, jeder weiß um den Aufbau des Ganzen.

Elementare Koordination

Beispiel: Alter 2–5 Jahre

Material: Sprache, Bewegung, Instrument in optischem, evtl. akustischem Einsatz.
Anwendung bei Motivationsschwäche, geistiger Behinderung, niemals bei Autisten.

»Trommel versteck!«	man hält seine Trommel vor das Gesicht
»Trommel weg!«	man zieht die Trommel nach unten, damit das Gesicht wieder vorschauen kann.

Diese Übung zur Partnerbeziehung spielt sich wirksam zwischen Kind und Therapeut ab. Es spricht fast immer an, auch geistig schwer behinderte Kinder reagieren. Der stark akzentuiert gesprochene Impuls »Trommel versteck«, hat ein unbestimmt langes Versteck, bzw. Pausenintervall bis zum zweiten Impuls, entspannter gesprochen, »Trommel weg«. Das Anschauen, bzw. zweite Pausenintervall ist wieder frei in der Länge. Bei einem antriebsschwachen Kind wird man die Pausenintervalle unkonstant halten, damit jedesmal ein neuer Impulseffekt wirkt und stimuliert. Bei einem unruhig Verhaltensgestörten wird man gleiche Pausenintervalle benützen, um durch den gleichmäßig-stetigen Wechselreiz einen Stabilisierungseffekt zu bekommen. Der akzentuierte erste Impuls, der klangkreszendierend, klangzunehmend, in hörbaren Sprechintervallen nach oben geht, wird intervallfallend und fast affektlos vom zweiten Impuls zurückgenommen. Dabei ist das erste Intervall vom Grundton etwa eine Quint entfernt, und fällt beim zweiten Impuls in einer Terz zum Grundton zurück.

Im zweiten Stadium dieser Aktivität behält der Therapeut die sprachliche Aufforderung, das Kind bekommt die Trommel. Das stark akzentuierte Sprechen kann dann abgelöst werden von einem akzentschwächeren, intimeren Sprechen, wie: »Trommel versteck, die Marion ist weg! – jetzt ist sie wieder da!« Die Wirkung und der Durchbruch liegen aber in der ersten Suggestivsprache. In einer dritten Phase könnte man es sogar singen und hätte damit drei Ebenen abgegangen, eine emotionale, eine kognitive, eine abstrakte.

Ebenen	emotional	kognitiv	abstrakt
Impulse →	suggestiv-rythmisch	ausschmückend mit Varianten	melodisch gesungen

Lineare Koordination

Beispiel: Alter 4–7 Jahre, alle Gruppen, außer Blinden und Sehgeschädigten
Material: Sprache, Bewegung, Trommel
Therapeutischer Aspekt: Koordinierung, Toleranzentwicklung, Individueller Beitrag

»Die Trommel geht um, schau dich nicht um!«

a. Der Therapeut umgeht als erster die im Kreis sitzenden Kinder, er schlägt eine Trommel an, er bleibt bei einem Kind stehen. Dieses nimmt die Trommel und geht, v. v.
b. Alle sitzen wieder im Kreis und sprechen den Vers, klatschen dazu oder schlagen auf die Knie oder den Boden.
c. Eine erweiterte Gestik wäre eine rhythmische Bewegung der Hände, einmal vor die Augen, einmal weg von den Augen gehalten.

Nun geht ein Kind um den Kreis, wir sprechen suggestiv den Vers mit: »Die Trommel geht um, schau dich nicht um«, bis das Kind stehenbleibt und zum Kind seiner Wahl sagt: »Du schau um!« Nun geht dieses Kind, das Ganze da capo. Geht ein Kind zu lange, können Einwürfe helfen wie »wann bleibst du stehn«. Es ergab sich in einer Gruppe, daß die sitzenden Kinder mit Holzstäbchen, jedes hatte davon drei oder vier, kleine Formen bauten, meditativ, während das umhergehende Kind sprach und die Trommel schlug. Es blieb dann bei einem stehen und übernahm dessen Bauen.

Für den Therapeuten ergeben sich Beobachtungen: Handhabung der Trommel, Handhabung mit der Zeit, die Wahl selbst, wird sie personbezogen, spielbezogen oder sozialbezogen (ein Kind, das bisher nicht gewählt war, zu wählen) ausgeführt.

Weitere Beispiele der Handhabung mit dem Material in verschiedener Koordination später im Kapitel 5.

Die einzelnen Materialien werden koordiniert verwendet. Sie steigern sich gegenseitig und sie steigern die Aussage. Zusammensetzungen an sich sind keine Steigerungen, auch darf der Ausgangspunkt nie auf der technischen Seite liegen. Man muß über einen Text nachdenken, um ihn mit anderen Mitteln wirklich zu steigern. Man kann dabei vom Sinn oder vom phonetischen Klang ausgehen. Man wird eine Synthese entdecken von Sinn und phonetischen Mitteln. Die inhärente, aber nicht unbedingt offenliegende rhythmische wie melodische Substanz ist aufzudecken. Es mag mehrere Möglichkeiten geben.

Regeln

Play implies interplay --
there must be give and take.
Marshall McLuhan

Mit wachem Auge und unter Vermeidung jeder Routine wird der Therapeut mit seinen Kindern arbeiten. Selbst seine Art, die Kinder anzusprechen, wird von Gruppe zu Gruppe verschieden sein. Die Gruppe, wahrscheinlich aus Kindern gebildet, die sich vorher nicht kennen, sollte eine Einheit werden. Sie wurde zusammengestellt unter Gesichtspunkten der Behinderung, des Alters, manchmal aus einer zwangsläufigen Notwendigkeit. Nicht vorschnell sollte man Kinder, die nicht zu den anderen zu passen scheinen, entfernen. Ich halte es auch nicht für notwendig, daß eine Gruppe sich aus einem Stamm von zum Beispiel zwei Kindern, die schon Erfahrung haben, vergrößert, in der Erwartung, daß diese Kinder den andern helfen. Ich halte es für möglich, eine Gruppe von Kindern, die nach obigen Gesichtspunkten zusammengestellt ist, gleichzeitig zu entwickeln und zu homogenisieren. Die Praxis wird es sowieso immer notwendig machen, Kinder während eines Behandlungsablaufes aufzunehmen und zu integrieren.

Je niedriger das Alter, desto kleiner die Gruppe. Fast könnte die Zahl mit dem Alter wachsen, also bei Dreijährigen drei Kinder, bei Vierjährigen vier Kinder, bei Fünfjährigen fünf Kinder. Über acht Kinder sollte eine Therapiegruppe nur in Ausnahmefällen hinausgehen. Natürlich können auch nur drei oder vier Kinder im Alter von acht oder zehn Jahren eine gut interagierende Gruppe bilden. Der Idealfall wird sowieso nie eintreten in bezug auf Größe und Zusammensetzung der Gruppe.

Bei allen Gruppen und in jedem Alter sollte die Gruppe als interagierende Spielgruppe verstanden werden. Der Therapeut begibt sich *mit* den Kindern in das Spiel und seine Regeln. Spiel- und Verhaltensregeln werden aber nicht direkt ausgesprochen, sondern sollten in das Spiel eingekleidet sein. Ein Plan sollte vorbereitet werden. Die erste Stunde gilt der Beobachtung, der Einschätzung des Einzelnen. Die Kinder werden beobachtet in bezug auf ihr Vermögen, zu agieren und zu gestalten und auf ihr Verhalten untereinander und gegen den Therapeuten. Diese erste Stunde liefert in etwa den Plan für weitere. Die Vorstellung des Therapiezieles muß koordiniert werden mit der Gegebenheit der Gruppe. Der eingebrachte Plan berücksichtigt die Möglichkeiten der Interaktion. Wir wollen die Gruppe stimulieren zum eigenen Beitrag, wir wollen, daß unser Plan Erlebnis wird. Dies kann nicht gefordert werden, es muß sich entwickeln.

Das Erlebnis zu dem es kommen sollte, kann in drei prinzipielle Erlebnis- und Bildungskategorien eingeteilt werden:

1. Erfahrung der eigenen Person
2. Erfahrung des sozialen Gefüges
3. Erfahrung der Objektwelt

Die drei Erfahrungen durchdringen sich, so kann zum Beispiel aus der Erfahrung und dem Handhaben eines Objekts das Erlebnis des eigenen Ich entstehen.

Zu 1. Wir wollen schon im Kind und auch im behinderten Kind diese drei großen Dimensionen menschlicher Erfahrung vorbereiten. Diese Erfahrungen werden im Laufe des Lebens wachsen:

die Erweckung und die Stärkung der Erlebnisfähigkeit,
der Sinn für Unterscheidung,
der Sinn für Assoziation,
die Entwicklung der Sensibilität,
der Sinn für Kontrast und Fluß, i. e. Rhythmus im weitesten Sinn.

Zu 2. Auf dem sozialen Sektor zum Verstehen des anderen, der anderen ist es notwendig, auf den anderen zu hören, hinzuhören, zu beobachten. Zu bilden sind

die Fähigkeit zur Toleranz für die Tätigkeit eines anderen,
die Fähigkeit zu einer sinnbezogenen Reaktion,
die Fähigkeit zu einer sinnbezogenen Interaktion.

Zu 3. Um das zu verstehen, was einen als Welt umgibt im Sinne faßbarer Objekte, die behandelt, entwickelt, geschont sein wollen, ist im Kind zu entwickeln

das Verständnis des in die Hand gegebenen Objektes und die Verantwortung dafür,
das Verständnis von Zeit und Geschehen,
das Verständnis von Raum und Durchdringung des Raumes,
das Verständnis von Ordnung, Gestaltung, Konsonanz, Dissonanz und Stille,
die Erfahrung der Sinnbezüge untereinander.

Durch geeignete und gezielte Stimulation des Therapeuten kann es zur Entwicklung dieser Sinne und Fähigkeiten kommen. Mit ihnen wird das Kind gefestigt *und* elastisch beweglich zur gleichen Zeit. Es entwickelt seine eigene Persönlichkeit und einen Sinn für soziales Miteinander und es erfährt dadurch *Welt.* Durch die Koordination seiner eigenen Kräfte auf dem motorischen und emotionalen Bereich wird es fähig zur Kommunikation, aus der sich eine Interaktion entwickelt.

Die Aufgabe des Therapeuten ist es, eine solche Kommunikation herstellen zu helfen, aus der sich eine Interaktion entwickelt, durch den Einsatz des Materials und durch seine Person, die er als Stimulator oder Regler einsetzen sollte. Er muß sich in dem Maße ein- bzw. ausschalten, wie diese Zustände vorzubereiten oder zu erhalten sind.

Keine Korrektur soll den Fluß des Geschehens unterbrechen. Mit einem geschickten, spielbezogenen Wort kann eine sanfte oder härtere Korrektur den Spielzustand wiederherstellen. Die ganze Arbeit ist prozeßorientiert, nicht produktorientiert. Die Erfüllung liegt bereits im Weg. Die Methode (griech. methodos, der Weg) ist, den Weg interessant zu gestalten. Ein Weg schließt immer Rast ein. Der Weg sollte in angemessenem Tempo begangen werden. Er schließt auch Umwege ein. Die Spielfähigkeit, das Mit-ins-Spiel-einsteigen, die Vorstellung und Phantasie, die dazu notwendig sind, können wieder als Testkriterien gelten. Das Kind hat die Chance, sich auf vielfacher Ebene zu beteiligen. Hat ein Kind von seiner körperlichen Disposition her nicht die Möglichkeit, das ganze Spiel mitzuvollziehen – sagen wir das Kind kann nicht gehen und ein Springen und Gehvollzug wäre mit im Spiel, so kann es z. B. auf der Trommel die anderen in ihrem Gehen oder Laufen rhythmisch »begleiten«. Oder ein Kind spricht nicht, es verweigert die Sprache, man merkt aber an seinen Augen und an seinem übrigen Mittun, daß es ganz im Spiel ist. Es wird der Moment kommen, wo es auch sprachlich mitmacht. Man verurteile nicht einen negativen Spieleinsatz, man werte ihn als Faktor des Kontrastes. Sagen wir, alle gehen schnell, einer geht betont langsam, oder alle gehen langsam und vielleicht ganz leise, einer nützt es aus schnell und laut zu springen. Unser Spiel muß so elastisch sein, solche Ausweitungen zu tolerieren. Man toleriert sie auch, indem man den Kontrastspieler als Anführer wählt, oder in einem andern Spiel gerade auf seine Stimme besonders hört.

So bedeutete der Einwurf eines Jungen einer fünften Klasse in einer Schule für Schwarze in Compton, Californien, ein sehr konstruktives Moment, es paßte rhythmisch blendend, es war dadurch schon ins Spiel eingebaut. Wir sprachen und deuteten gestisch den Vers:

»I won't« tönte es laut von drüben: »Ich will nicht weinen am Abend, weil ich in der Früh lache‹ vielleicht meinte er das, oder er mochte den ganzen Vers und die Interpretation nicht, dies ging mir schnell durch den Kopf, als ich sah, wie die anwesende schwarze Lehrkraft erbost auf den Störenfried losging. Bereits von der ganzen Seite, wo er stand, tönte lautstark das »I won't« uns entgegen. Sofort unterstützte ich die Buben, indem ich es mit ihnen sprach und auch noch dadurch, daß ich jeweils mit den Worten Schritte zur Kreismitte zu tat. Sie mit mir. Ihre Augen leuchteten, sie hatten gewonnen! Vom Mittelpunkt des Kreises gingen wir zurück, allmählich nahm die Lautstärke ab, als wir an unserem Platz zurück waren, verstummten alle, eine Stille trat ein, ich hatte auch gewonnen. Die beste Situation im Leben, wenn zwei zufrieden sind nach einer Auseinandersetzung. Es hätte sehr schief laufen können und sehr gewöhnlich – dies war ungewöhnlich und die vierzig Kinder im Kreis – es ist ein großer Kreis! schauten gespannt und alle waren bereit für die nächste Aktivität. Der Junge mit dem Einfall war als Störer bekannt und wurde nie akzeptiert von seiner Lehrkraft. In dieser rhythmischen Aktivität konnte er durchkommen, wie seine Motivation auch gewesen war. Es ist kaum zu glauben, aber es besserte ihn, er war lockerer, er war nicht mehr darauf angewiesen, nur durch Stören Aufmerksamkeit zu bekommen.

Man muß Störfaktoren aus ihrer Ursache her behandeln: Sind sie kreativer Art, muß man blitzschnell versuchen, wie sie Gestalt bekommen können, sind sie aus Trotz oder reinem Negativismus motiviert, mag man sich fragen, ob man selbst diese Haltung hervorgerufen habe, oder worin sie sonst begründet ist, wieweit es eine äußerliche Haltung ist, wieweit sie im Wesen verwurzelt ist. Gerade solche sichtbaren Alarme geben uns die Möglichkeit, auf den Grund solchen Verhaltens vorzudringen und auf Mittel und Wege zu sinnen, diesen Störungen wirksam zu begegnen.

Der Therapeut kann in seinen Entscheidungen nicht immer richtig reagieren. Wenn er sich aber rückblickend die Situation noch einmal vergegenwärtigt, kann er im nachhinein die Situation gedanklich verbessern. Wenn er sich diese Mühe macht, neutralisiert er damit die begangene Ungeschicklichkeit. Er wird sich in solchen notwendigen Reflexionen sensibilisieren und vielleicht in einem anderen Fall gerade nach dieser Erkenntnis besser entscheiden. Unter Umständen kann er die Situation noch einmal herstellen, wenn ihn das Gefühl nicht losläßt, daß er sich fehlverhalten hat. Die Kinder oder das Kind werden solche Korrekturen, wenn sie sachlich und ohne Übertreibung eingebracht werden, als angenehm empfinden. Man muß spüren, ob die Situation dafür noch da ist, bei größeren Kindern wird dies wichtiger sein als bei kleinen. Sie werden den Therapeuten in keiner Weise weniger als Pädagogen schätzen, im Gegenteil, es kommt der angeborenen kindlichen Fairneß entgegen.

Die sicherste Stimulation und Regulation ist die Ausnutzung des Augenblicks und der Situation. Wenn man hier intensiv beobachtet oder auch schnell entscheidet, kann man aus kleinen Angeboten der Kinder, zufälligen oder bewußten, eine Anregung für die Stunde bekommen, sie werden dann ein eigentümliches Therapiegut. Am ehesten kommt etwas in Bewegung, wenn man den Augenblick und die momentane Situation miteinbezieht. Das Wort und der Begriff Moment hat einen Zusammenhang mit Bewegung. Im lateinischen sind momentum und movimentum (Bewegung) verwandt und sogar bedeutungsgleich. Wenn wir also den Moment ergreifen und begreifen als Impuls und Möglichkeit, geschieht etwas Spezifisches und Einmaliges, das eine Bewegung hervorrufen wird, eine emotionale Bewegung.

Form der Technik

I have no time for technique
because I must always be
making one.
John Cage

Das, was wir alle möchten, ist die *sichere* Technik. Wir möchten sie als erworbenes Gut übernehmen: wenn ich sie anwende, gelingt es. Das Ursprungswort Technik hilft uns in diesem Sinn nicht, es bedeutet im griechischen ›Kunst, Geschicklichkeit, Geschick‹, der Begriff geht von Kunst bis zur Weissagekunst, zur prophetischen Gabe, im allgemeinen meint er, sich in verständiger Weise beschäftigen.

Trotzdem verstehen wir unter Technik eine gewisse Art und Weise, eine Sache anzugehen. Sie vervollkommnet sich im Tun. Die therapeutische Arbeit innerhalb einer Gruppe bedarf einer gefestigten, erworbenen aber gleichzeitig einer flexiblen, momentanen Technik. Die Erfahrung muß dem Moment gerecht werden. Aus dem Moment bildet sich wieder Erfahrung. Therapeut wie Kind sind der Technik gleich ausgesetzt.

Die Momente eines Ablaufs, die haften bleiben, aus denen wir lernen – Therapeut wie auch das Kind – sind bedeutend für die neue Situation.

Wenn ein Kind, das immer eine Puppe dabei hatte und darauf bestand, daß immer erst die Puppe spielen oder reagieren mußte und nur zusammen mit der Puppe etwas getan werden konnte – wenn dieses Kind eines Tages kommt und sagt »ich habe die Sascha heute nicht mitgebracht, ich kann ohne die Sascha eigentlich besser spielen«, so hat es diese Erkenntnis zu Hause, während der Woche, in Reflexion gewonnen. Es kam bereits entschieden und sprach dies aus. Das ist wichtig. Es hat die Puppe nicht während einer Stunde weggelegt, weil die Puppe es gerade gestört hat.

Der Therapeut wendet Technik an und vervollkommnet sich darin, das Kind spürt etwas von Technik und erwirbt sie. Wir haben drei wichtige technische Kategorien für eine Lehrstunde: die Vorbereitung, den Ablauf und die Nacharbeit.

Die Vorbereitung stützt sich auf den vorausgegangenen Ablauf, der in der Nacharbeit festgehalten ist. Die Reflexion für eine kommende Stunde bewegt sich kreismäßig. Wieder hilft uns ein Blick in die Werkstatt des Geistes: bei den Griechen, genau bei den Böotern, hießen die ersten drei Musen: memoria, cantus, meditatio. Was sagen uns diese drei Worte?

memoria: die Erinnerung, stützt die Gedankenkraft, ist Gedächtnisbildung; es ist ein Wissen um Getanes, Erarbeitetes, Erlebtes. Der Zeitbegriff weist in die Vergangenheit. Ein Zustand des Habens.

cantus: allgemein Gesang, hat mit Aussingen, Sprechen, Darstellen zu tun, nützliche Anwendung des Memorierten, des Gespeicherten; es ist ein spontaner kreativer Akt, der Zeitbegriff ist Gegenwart. Ein Zustand des Seins.

meditatio: allgemein die Besinnung, kann als Vorsinnen, Vorstellen, geistige Vorbereitung auf ein Kommendes, als Zustand des Erwartens gewertet werden, der Zeitbegriff weist in die Zukunft. Ein Zustand des Werdens.

Wenn wir *memoria, cantus* und *meditatio* bilden und wirksam werden lassen, haben wir eine richtige und runde Technik.

Wann bilden wir *memoria?*
In dem Anbieten verschiedenen Materials, auf der sprachlichen, bewegungsmäßigen, instrumentalen Ebene wird durch Imitation, durch Nachtun, das Gedächtnis bereichert, geschult, gefestigt. Da dies freiwillig geschehen soll, wird es affektiv unterstützt, es ist von besonderer Prägekraft.

> Unser Tun muß so viel Wirklichkeit haben, so viel Ansprechbares, daß es affektiv etwas bedeutet. Das Tun muß von der spontanen Lust dazu angetrieben werden, sonst ist das Tun bedeutungslos, bei vielleicht richtiger Bewältigung. Lernen wird affektiv unterstützt.

Wann haben wir *cantus?*
Durch das Auffordern zu eigenem Tun, schöpferisch oder nachschöpferisch, durch die Stimulanz, die vom Therapeuten oder von der Gruppe kommen kann, wird die Aktivität angespornt, in der Gegenwart gestaltet, wird Realitätssinn geschult, wird in der Interaktion die eigene Person und das eigene Vermögen erkannt, bestätigt, geformt. Wir bilden das Aussagevermögen.

> Keine Korrektur unterbricht den Fluß des Geschehens, Ab- und Umwege werden mitgegangen. Momente beobachtet, um sinnvoll einzugreifen. Lernen wird aktiv unterstützt.

Wann wird *meditatio* wirksam?
Die Arbeit, die Aktion bewirkt Reflexion. Verstärkt in der Gruppe durch Beobachten des Tuns anderer, durch die sich ergebende Interaktion, durch den Spiegel des eigenen Tuns im Anderen. Der so gewonnene Standpunkt hilft für Entscheidungen, für neue Lösungen. Pausen im Tun, ein Zustand des Erwartens und Wartens, kommen

der Erwägung zugute. Die meditative Disposition wird erfahren.

Zum Tun gehört Aktives wie Passives. Wenn das Vermögen der Aussage gekräftigt ist, können durch Reflexion, Nachsinnen über Getanes und Dargestelltes neue Ideen gewonnen werden. Lernen wird betrachtend unterstützt.

Das Kind lernt also die Handhabung dieser drei Zustände: Tun, Vordenken, Nachdenken, es lernt die Technik darin. Es lernt über den Augenblick hinaus zu bedenken, nach rückwärts, nach vorwärts. Es lernt Verantwortung, Konsequenzen, es bekommt einen Besitz von Stoff und Erfahrung.

Grafisch wäre es so darzustellen:

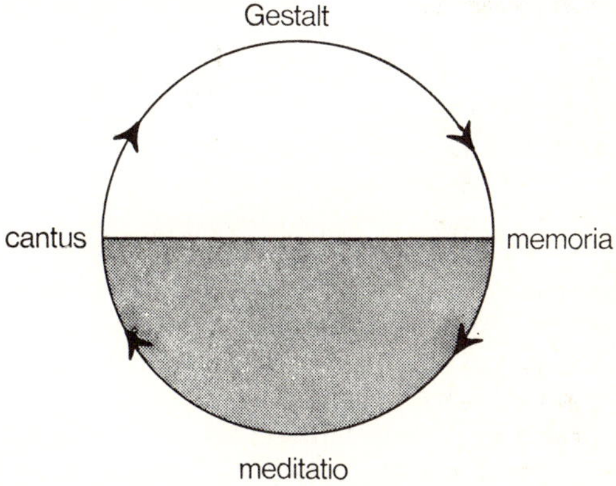

Jede Technik hat sich entwickelt aus dem Phänomen eines Prozesses. Sie hat sich vom Prozeß distanziert und das Geschehen objektiviert. Die erworbene Technik kann als Methode vermittelt werden. Sie ist ein Konzentrat, das Gefühlsmäßige ist entzogen, so kann sie sich halten und bewahrt werden. Die Methode ist übernehmbar, wenn sie lebendig angewandt wird und dem ursprünglichen Prozeß ähnlich wird.* So ist sie bedingt tradierbar. Das methodische Mark braucht wieder Saft um strömen zu können, die Methode braucht den Einsatz des wirkenden Menschen. Was im Saft steht ist flexibel: wenn der Therapeut flexibel ist, wird der Plan flexibel sein, wird die Gruppe flexibel werden.

* Vgl. Weizsäcker, C. F. v.: *Die Einheit der Natur,* Hanser Verlag, München, 1971.

5. Therapieanwendung bei verschiedenen Behinderungsarten

Beispiele aus der Praxis

Die folgenden Darstellungen geben einige Beispiele der Behinderung oder des Fehlverhaltens. Durch die Konfrontation mit vielerlei und mehrfacher Behinderung in meiner bisherigen Arbeit war die Notwendigkeit gegeben, vielerlei Behinderungsarten zu behandeln. Die Vielfalt der Behinderungsarten haben im Therapieplan einen gemeinsamen *und* einen differenzierten Ansatzpunkt, gleiches und spezifisches Material. Der Grad von Behinderung schwankt von ›leicht‹ bis ›sehr schwer‹, die Grenze von ›normal‹, gesund, zu ›behindert‹ ist oft verschwommen und kann nicht haarscharf gezogen werden.

Die aufgrund eines Tests oder mehrerer Tests und aus der Anamnese gestellte Diagnose ist großmaschig natürlich zu respektieren. Sie hilft dem Therapeuten bei der Einteilung des Kindes in eine bestimmte Gruppe, oder der Entscheidung, das Kind zuerst oder nur einzeltherapeutisch zu behandeln. Der Therapeut sollte sich aber in bezug auf die Diagnose flexibel halten. Es können Reservate im Kind sein, günstiger oder ungünstiger Art, die diagnostisch bisher nicht gelotet wurden. Der Therapeut wird, diagnostisch nicht fixiert, das Kind erst einmal auf sich wirken lassen, ihm aus dem Moment heraus etwas anbieten. Er kann nicht sicher sein, welche Reaktion kommen wird, und er sollte es auch nicht sein. Ein Kind, das vielleicht schon von Institut zu Institut gereicht wurde, und häufig diagnostiziert wurde, hat oft eine Art sich so darzustellen, wie es einmal abgestempelt wurde. Ein Kind kann bereits *die* Maske zeigen, die man ja von ihm erwartet und die ein anderes Gesicht verbirgt. Grundsätzlich sollten von Psychologen, Ärzten und Therapeuten Gespräche über die Kinder ohne die Kinder geführt werden. Unvorsichtigerweise werden aber Gespräche über das Kind meist vor dem Kind geführt, in der Annahme, daß das Kind das nicht mitbekomme. Man täusche sich nicht, wie tief und verletzend, vielleicht auch »befriedigend«, solche Worte vom Kind aufgefangen und unverarbeitet aufbewahrt werden und sein Verhalten beeinflussen können.

Ein erfahrener Kinderpsychiater* meint, daß selbst bei schwerer geistiger Behinderung ohne Perzeptionsfähigkeit vom Kind unterschieden werden kann, ob bei einer Besprechung eine wohlwollende Einstellung oder eine kalte sachliche vorliegt, bei letzterer reagiere das Kind mit Schreien.

Da der Erwachsene wie das Kind dauernd Veränderungen ausgesetzt ist, wird auch eine Behinderung in einer Weise davon tangiert. Man sollte nicht kapitulieren vor so schwerwiegenden Diagnosen wie »taub«, »blind« und ein Kind schablonenhaft wie taub oder blind behandeln. Dem Überraschungsmoment sollte sich der Therapeut offenhalten.

Behinderungen der Sinne

Haben wir ein Kind mit einer Sinnesbehinderung vor uns, so sehen wir, daß die Behinderung meist nicht stehenbleibt beim geschädigten Sinn, sondern einen Ausfall entsprechender Motorik und auch geistiger Entwicklung mit sich zieht. Der Mensch wird als Säugling nach einer intrauterinären Entwicklung der Sinnesorgane mit offenen Sinnesorganen geboren, er kommt aber als »einziger Fall dieser Kategorie unter Wirbeltieren bewegungsunfähig zur Welt«.

In einer ungestörten Entwicklung, mit den dazu nötigen Reizen der Umwelt, wird er innerhalb der ersten zwölf Monate ausgeformt und gemäß der kulturellen Umgebung geprägt.** Mit den offenen Sinnen schafft sich der Mensch seine ersten Erfahrungen, durch Fixieren, Greifen, Sichbewegen, Tasten, Gehen usw. Durch das Vorbild kommt es zur Imitation, zur Eigenbewegung, schließlich zur Sprache.

Kann das Kind die Angebote und Reize der Umwelt nicht aufnehmen, da sie entweder nicht angeboten werden oder die Sinne des Säuglings nicht voll aufnahmefähig sind, kommt es zu den Sinnesschädigungen äußerer (exogener) oder innerer (endogener) Art. Sie können zusammenfallen. Die geistige Entwicklung hängt mit dieser Sinnesentwicklung zusammen und beide haben eine Entsprechung

* Lutz, J.: in: *Probleme des behinderten Kindes,* Urban u. Schwarzenberg, München Berlin Wien, 1973.

** Portmann, A.: *Biologische Fragmente zu einer Lehre vom Menschen,* 1951.

auf der motorischen Ebene. Entstehen diese Schäden aus äußerer Ursache, wie beim Deprivationssyndrom (Entzug von Bezugspersonen, meist durch Heimsituation) so sind sie, je früher, desto besser bis zu einem gewissen Grad aufzuholen. Bei angeborener oder pränatal erworbener Sinnesminderung muß durch zusätzliche Reize und Angebote der geschädigte Sinn kompensiert werden, muß eine intensiv therapeutische Behandlung einsetzen.

Hör- und Sprachgeschädigte

An ear alone is not a being
John Cage

Der Hörgeschädigte ist fast immer auch sozial geschädigt. Er lebt isoliert innerhalb einer Gemeinschaft, es entgehen ihm wichtige Informationen und Signale aus seiner Umwelt. Er gehört nicht ganz zu ihnen, und ihm gehört manches nicht, er kann es nicht in Besitz nehmen, ›wie es sich gehört‹. Man sagt auch ›aufhören‹, wenn etwas stillsteht oder zu Ende geht. So gehört das Lautliche ganz stark zur Existenz, zum Fluß und Rhythmus des Lebens. Es kann das Rhythmische bis zu einem gewissen Grad das Lautliche kompensieren, da es eng zusammengehört.

Mit der Hörschädigung, die meist eine Sprachentwicklungsverzögerung mit sich bringt, geht eine allgemeine Beziehungslosigkeit zur Umgebung einher, zu Subjekt- und Objektwelt, aus dieser resultiert ein Desinteresse, eine Kontaktarmut zu Dingen und Menschen. Aus dieser Kontaktarmut verstärkt sich die Isolierung. Ein gehörgeschädigtes Kind, dessen Hörschaden noch nicht erkannt ist, wird zu Unrecht für teilnahmslos, unlustig, unaktiv, ja dumm gehalten werden; mit der Ungeduld dem Kind gegenüber, weil es nicht »hört«, wenn man etwas von ihm will, wird man dessen Aggressivität hervorrufen. Auch seine Bewegung wird nicht normal koordiniert sein, es eckt an, es springt nicht oder ungeschickt, es hat Scheu, sich zu drehen, da diese rhythmisch-motorischen Bewegungen für das Kind nicht vom Klang begleitet sind. Ihm fehlt von Anfang an die natürliche Resonanz, die ihm seine Bewegung, überhaupt sein Tun bestätigt. Es fehlt ihm so »die Hälfte des Lebens«. Über das rhythmische Tun wird der Hörgeschädigte am ehesten einen Zugang zum Klang erfahren können. Unerkannte Hörschäden kommen öfters vor als man meint. Daß hörgeschädigte Kinder von sich aus mit dem Optischen kompensieren, ist nicht unbedingt der Fall. Das hörschwache Kind muß auf dieses Geschehen besonders erzogen werden.

In der Musiktherapie wird das instrumentale Material zum Verständigungsfaktor, kombiniert mit einer optisch erfaßbaren Bewegung. Aktivitäten dieser Art sind reichlich anzubieten. Der Therapeut muß ein akustisches Reizklima herstellen, mit sinnvoller, signifikanter optischer Unterstützung. Das Kind muß auf einen Vorgang hin gespannt werden. Das Zusammensein in einer Gruppe, die noch dazu auf eine gemeinsame Aktivität hin ausgerichtet ist, kann einen Weg aus der Isoliertheit bedeuten und den Weg in die Gemeinschaft fördern.

Jede Aktivität in der Gruppe: das Schlagen einer Trommel, das Gehen mit einem Triangel, das Springen zu Paukenschlägen, das Spielen auf Instrumenten, nähert den isolierten Hörgeschädigten dem akustisch lebendigen Leben. Wieweit diese Aktivitäten direkt akustisch empfunden werden können, ist vorerst zweitrangig vor dem aktiven Tun überhaupt. Rhythmische Einheiten mit den Händen, vollzogen im Klatschen, mit dem Körper im Schwingen, mit den Füßen im Gehen, im Stampfen, dringen in ihn ein und bilden in ihm diese Schwingungen nach. Er hört nicht nur mit dem Ohr. Die Resonanz einer Trommelfläche, die Schwingung eines durch Stampfen und Hüpfen vibrierenden Bodens lassen ihn bisher Verschlossenes verstehen.

Schon die geringste Hörerfahrung ist wichtig: wenn sie mit *einem* Objekt erfahren wird, weckt sie das Interesse zum Explorieren mit anderen Objekten. »Dieses Ding kann ich hören, vielleicht das andere auch.« Die ganze Einstellung zur Objektwelt kann verändert werden. Es ist gar nicht so, wie wir schon sagten, daß das hörschwache Kind selbstverständlich mit den Augen kompensiert. Es muß daraufhin trainiert werden. Oft unbegreiflich lange für den Therapeuten braucht ein solches Kind, um eine scheinbar ganz einfache Bewegung zu imitieren. Man wird deshalb, wenn es beim Kind angekommen ist, länger als sonst bei derselben Aktivität bleiben, bis sie dem Kind so selbstverständlich ist, daß es einen Gewinn von der Wiederholung hat.

1. Beispiel

Eine Gruppe von etwa vier Kindern, im Alter ab drei Jahren, zwei Therapeuten. Eine Trommel, dann mehrere Trommeln.

Die Kinder stehen in einem losen Kreis, weit auseinander, an markanten Plätzen des Raumes. Der Therapeut geht, indem er die Trommel mit der Hand anschlägt, zum zweiten Therapeuten, gibt ihm die Trommel und fordert ihn in gestisch deutlicher Bewegung und auch sprachlich auf, zum nächsten Kind zu gehen. Kommt die Trommel auf diese Weise zurück zum ersten Therapeuten, wird dieser eine Variante einbringen, die Trommel hoch halten und so zum Nächsten gehen oder sie beim Schlagen sich selbst nah ans Ohr halten oder im Gehen an sein Knie schlagen. Günstig ist es, wenn das Kind neue Varianten einbringt. Zunehmend wird Eifer in den Vollzug kommen, sicherlich lautliche Äußerung, der kreisrunde Vollzug wird schneller werden, das Kind begreift den Witz, es löst sich, es lacht, es »spricht«.

Nach dieser entspannenden und doch intensiven Bewegung in grobmotorischer und grob-akustischer Erfahrung kann man sich nun nah zusammensetzen zu feinerer Erfahrung. Der Therapeut spielt die Trommel an, indem er sie sich ans eigene Ohr hält, oder *nach* dem Anschlagen die vibrierende Trommel, er ermuntert reihum die Kinder, dies auch zu tun, dabei beobachten die Kinder das agierende Kind. Man kann für das andere Kind an dessen Ohr spielen oder die Trommel über dem Kopf des anderen anspielen. Die Trommel für alle gehalten und für alle angeschlagen, gibt gemeinsame Vibrationserfahrung. Unterstützt werden diese Angebote mit einem reichlichen sprachlichen Reiz, der in ein prägnant rhythmisches Sprechen übergehen kann: jeder hat nun eine Trommel

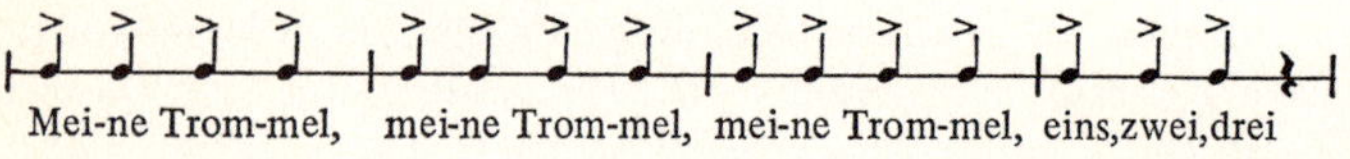

Man kann alternieren: lautes Schlagen und lautes Sprechen mit leisem Schlagen und leisem Sprechen.

Man kann nur mit den Fingerspitzen schlagen und auf irgendeinen Teil des eigenen Körpers, alternierend. Wieder wird sich Lebhaftigkeit und Witz einstellen, zwei Komponenten, die höchst wichtig sind.

Der rhythmische Vers

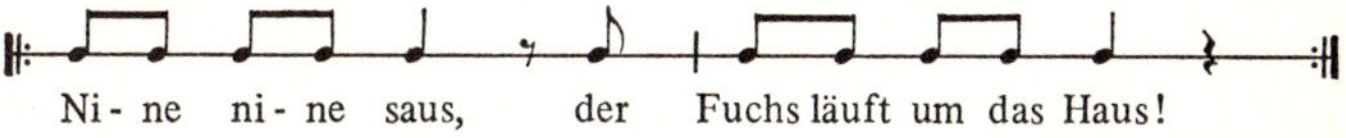

kann ausgespielt werden. Die sitzenden Kinder bilden einen Trommelkreis (man hält rechts und links eine Trommel) und spielen die Trommel mit dem Trommelrand am Boden an:

Dies gibt einen schönen Resonanzklang, wenn der Therapeut intensiv spricht, werden die Kinder versuchen mitzusprechen. Ein Kind ist Fuchs, umgeht diesen Kreis und will herein, er muß anklopfen, die Trommel wird gehoben, er ist im Kreis, es ist eng.

Sprachlich wird wieder unterstützt

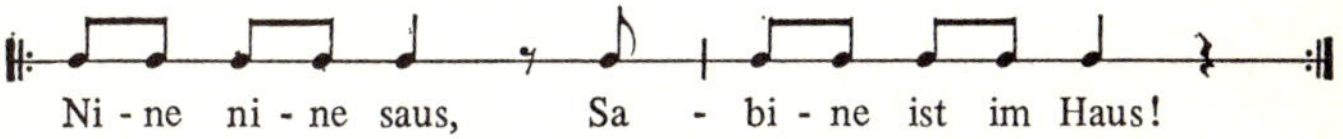

Schließlich läßt man alle Kinder zu Trommelschlägen des Therapeuten gehen, abwechselnd mit Hüpfen, auch wenn das Hüpfen noch nicht gelingt. Die beiden kontrastierenden Bewegungen sollten sowohl akustisch wie optisch gut unterstützt sein.

Therapeutischer Aspekt
Beobachtung, Imitation, Toleranz. Durch die Steigerung, die sich durch die Wiederholung und die Varianten ergibt, reizt man die emotionale Ebene, die lautliche Äußerungen möglich macht.

Im engen Sitzkreis Intensivierung sowohl des sozialen wie des Objektkontaktes; exakt rhythmischer Vollzug soll das Sprachliche vom Motorischen her unterstützen.
Auflockern und Intensivieren der rhythmischen Aktivität durch Bewegungsvollzug im Raum, dabei Aufmerksamkeit auf Signale. Anforderung an soziale Anpassung.

2. Beispiel

Erfahrung von Klang und Stille, von Qualitätsunterschieden, Erspüren von Form, Einschwingen in Begleitung.

Kinder – drei- bis fünfjährig –, zwei Therapeuten, einzelne melodische Klangstäbe.

Mit den Klangstäben – jedes Kind bekommt zwei, sie sind in einer harmonischen Akkordverbindung zusammengestellt (F-Dur) – erzeugt man ein akustisches Klima. Dazu kann gesungen oder eine Flöte gespielt werden. Das Ende sollte erspürt werden. Anschließend umgeht, umläuft, umspringt je ein einzelner den spielenden Kinderkreis. Auf ein Zeichen, in unregelmäßiger Folge, wird zusammen aufgehört. Der Klang wird auf diese Weise dem umgehenden Kind entzogen, in dem sich ergebenden Stillesog soll es schnell an seinen Platz zurück. Es wird spielgebunden freudig zurückbegrüßt.

Nach diesem Klang-Stille-Kontrast werden die Klangstäbe nochmals im Kreis sitzend angespielt, der Therapeut stimuliert verschiedene Rhythmen. Es kann dann in der Luft, in der gleichen Länge wie auf den Klangstäben, ohne Klang nur rhythmisch mit den Klöppeln deutend, gespielt werden, dann wieder im vollen Klang. Die Kinder können sich nacheinander unter den bereitgehaltenen verschiedenen Flöten eine auswählen, die speziell für sie spielt. Das Kind gleicht sich im Mitspielen dem Flötenrhythmus an. Dabei ist es interessant zu beobachten, daß viele hörschwache Kinder – entgegen der allgemeinen Beobachtung – gerade die kleine Piccolo-Flöte wählen, mit den höchsten Frequenzen, in Wiederholungsfällen ist dies beachtlich. Auch deuten sie auf die Flöte und wollen Flötenspiel hören, wenn der Therapeut dies während mehrerer Stunden nicht tut.

Anschließend intensive Klangerfahrung, indem man den Klangstab ans Ohr hält, die Vibration fühlt, wenn möglich, Klangunterscheidungen zwischen tiefen und hohen Tönen herstellt, unterstützt durch das Aufmerksammachen auf die verschiedenen Längen der Stäbe. Zurückrufen eines Kindes, das entfernt außerhalb des Kreises steht, mit einem bestimmten Klang. Wer hat ihn gespielt?

Zum Schluß dieser Stunde kann man die einzelnen Stäbe zusammenbauen, ihrer Länge nach und auf eine entsprechend hohe Unterlage stellen, damit man sie auch stehend anspielen kann, oder man nimmt dafür das große Baßmetallophon, wenn man es hat. Dieses ist wegen seiner Vibration für Hörgeschädigte besonders ergiebig. Jeder spielt, ohne daß eine Regel gegeben wird, mit einigen Impulsen an, so, daß man dem anderen Raum läßt. Erweitert: die Kinder gehen auseinander, bis zu den Wänden, und kommen nun einzeln, nach ihrem Gutdünken, zum Klangtisch, spielen einige Töne und gehen wieder zurück. Es ergibt sich so ein fließendes Kommen und Gehen, verschiedene Klänge in freier zeitlicher Kombination (s. Bildteil).

Therapeutischer Aspekt

Im Umgehen eines Kreises erfährt der Einzelne das Getragenwerden von einem Klang und das Fehlen des Klanges, Reaktion darauf. Soziales Verhalten der zurückgebliebenen der Gruppe. Angebote komplexer und differenzierter Hörerfahrung. Soziale Anpassung mit einem Objekt in räumlich und zeitlicher Alternität.

Weitere Möglichkeiten s. auch Perzeption, Beispiel 7, 8 und Ergänzendes Material, S. 48.

Die Zusammensetzung solcher Gruppen kann homogen wie heterogen vorgenommen werden. Sprachgeschädigte mit intaktem Hörvermögen – sprachgeschädigt durch Deprivationssyndrom, d. h. von klein auf hat das Kind zuwenig sprachliche Zuwendung gehabt – Fälle von Stotterern, von Sprachverweigerung sind in einer Hörgeschädigten-Gruppe nicht schlecht untergebracht, da Äußerungen innerhalb des reduzierten Sprachvermögens vom Therapeuten geschätzt und unterstützt werden, die Möglichkeit aber von sprechfähigen Kindern als sonderbar und auffällig betrachtet zu werden, entfällt.

Der Sprachgeschädigte muß ständig zum Sprechen animiert werden, das Sprechen soll ihm Notwendigkeit werden. Dabei ist jede

Korrektur vorerst zu vermeiden, alles Angebotene sollte positiv angenommen werden. Bei Stotterern empfiehlt es sich, eine Rede auch indirekt fließen zu lassen, z. B. die Pauken den Vers rhythmisch sprechen zu lassen. Selbst Stotterern mit spastischer Behinderung gelang es, den Vers fließend zu bringen, innerlich sprachen sie den Vers mit, siehe auch Beispiel 6, Perzeption. Das entspannte Klima hilft dem Stotterer, er fühlt sich frei und ohne Druck und die Rede gelingt. Gesungene Rede fällt dem Stotterer sowieso leichter. Reduziert man das Singen auf einen Ton bzw. auf einen Rezitativton, wobei betonte Worte Ausschwingungen nach oben oder unten haben, ist man dem Sprechen schon nahe. Auch sollte streng rhythmisch geformte Sprache schnell umschlagen in alltägliche Sprache, zum Beispiel

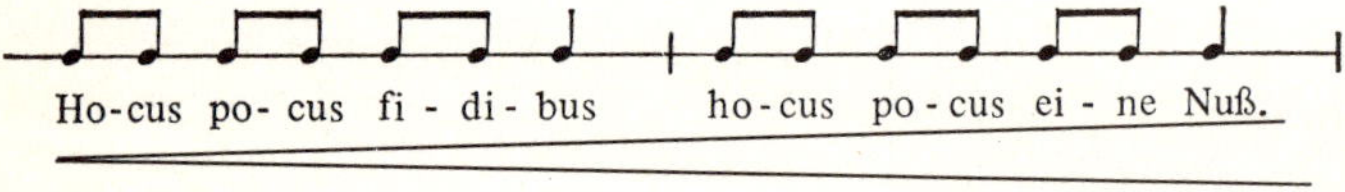

»Was für eine Nuß?«

Mögliche Antworten: »Eine Haselnuß . . . eine Erdnuß . . . eine Walnuß . . .« Gestisch kann man die Haselnuß vom Strauch pflükken, eine Erdnuß herausklopfen, eine Walnuß am Baum sehen. Gerade der Wechsel von rhythmisch angespannter, finaler Rede zur fast unterspielten, leichten Alltagsrede macht elastisch in der Behandlung der Sprache. Wenn man spielerisch das Kadenzierende in einem Satz herausholt (vgl. S. 39, Sprache), spannt man auf das Ende des Satzes hin:

Ich seh einen Apfel vom Baum → fallen.
Er wirft den Schneeball auf → mich.
Er wirft den Schneeball auf → dich!
Er wirft den Schneeball → weg!
Komme jetzt, sonst ist es → zu spät!

Auch kadenzierende Melodien, mit Dominantspannung, also nicht pentatonische, geben Spannung und eine finale Disposition. Das ist es ja gerade, was dem Stotterer fehlt, auch schwingende tänzerische Bewegung, »schwebende« hilft dem verspannten Wesen.*

Bei der *akustischen Agnosie* ist, wenn zusätzlich keine Hörstörung vorliegt, das Sprechen möglich. Aber es ist keine »Sprache«, das Sprechen hat keinen Sinn, meist ist es nur eine Echolalie, das Gehörte wird unreflektiert zurückgespiegelt. Durch akustische Bewegungsspiele, durch starke Kontraste jedoch kann Spontansprechen stimuliert werden, wenn dies nicht durch eine mitgehende geistige Behinderung nivelliert wird.

Bei Kindern mit *zentraler Wahrnehmungsstörung* kann bei Messung mit dem Audiometer Hörfähigkeit festgestellt werden, auch mit dem EEG sicher festgestellt werden, daß sie vorhanden ist, sie kann aber nicht verwertet werden. Das Gehörte wird zentral-geistig nicht umgesetzt, nicht verstanden. Die Verbindung zum zentralen Wahrnehmungssystem ist unterbrochen, das Gehörte wird nicht synthetisch verwertet.

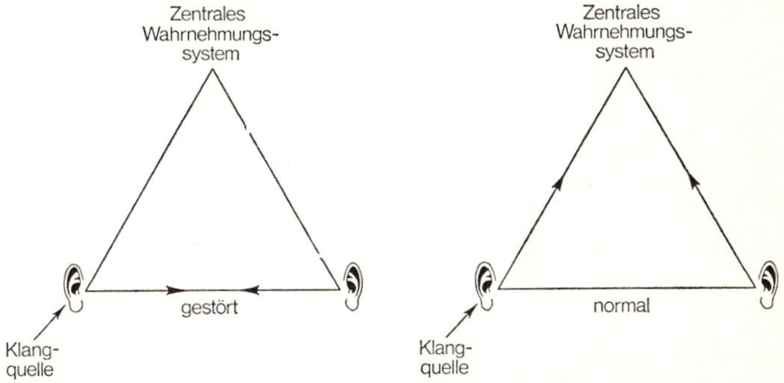

Die Arbeit geht dahin, akustische Signale zu geben, sie optisch zu unterstützen, so, daß sie mit einem Vorgang identifiziert werden können, auch wenn sie hörorganisch oder geistig-zentral nur indifferent aufgenommen werden. Die Verstärkung von Sinneseindrükken, das Hochspielen von kleinen Einheiten ist notwendig (s. auch Beispiel 8, Perzeption).

In mühevoller Kleinarbeit wird immer wieder sprachlich gereizt, in der Annahme, daß, unterstützt mit Optischem, diese sprachlichen Bausteine schließlich sprachlich erkannt werden.

* Orff, G.: *Arbeit mit Stotterern*, Marhold Verlag, Berlin.

In einer im Beginn vollkommen stummen Gruppe vier- bis fünfjähriger mit dieser zentralen Wahrnehmungsstörung, zudem aktions- und interesselos, entwickelte sich schließlich ein lautlich-syllabisches Sprechen – verbundene Phoneme, verbundene lautliche Einheiten – für uns unverständlich, aber für die Kinder sicherlich eine Kommunikationsbasis, sonst hätten sie ja nicht reagierend »geantwortet«. Dies passierte in der 16. musiktherapeutischen Stunde, mit einer Wochenstunde in dieser Therapie. Diese Szene ist zufällig auf dem Videotape festgehalten:

Die drei Kinder stehen an einer großen Tafel und zeichnen rhythmische Symbole

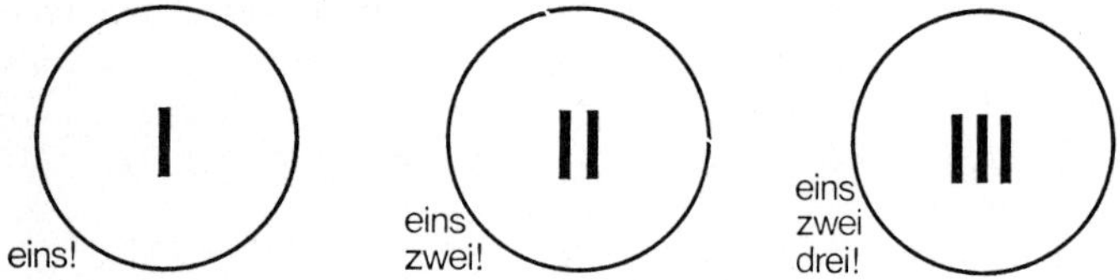

Die Kreise entsprechen der Trommel, auf die man schlägt.

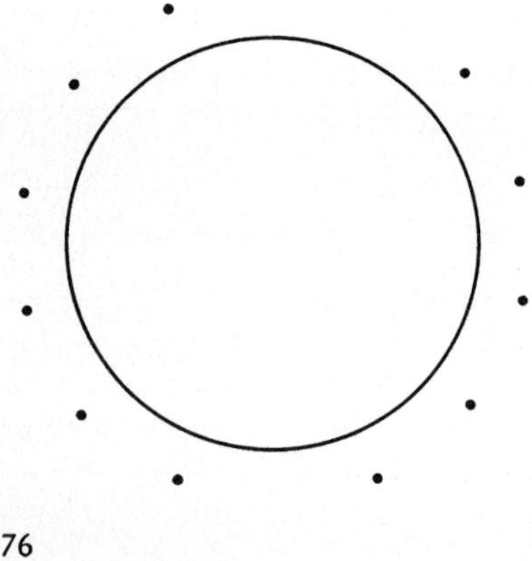

Der Kreis entspricht unserem Sitzkreis, die Spuren sind der Fuchs bzw. das Kind, das umgeht. Die Anzahl der Punkte sollte den rhythmisch gesprochenen Wortimpulsen entsprechen.

Sie kommen von da in ein Malen ihrer eigenen Person. Dabei störte kein Mädchen den Zeichenraum eines anderen, sie verbogen eher den Kreis, um den anderen nicht zu stören. Sie zeichneten ihren »Pferdeschwanz«, ihre Frisur. Dies alles hätte sich stumm vollziehen können. Aber die Kinder »sprachen«, sie wollten sich erklären, sie wollten mitteilen, sie unterstützten ihre Rede gestisch. Hätte man diese Szene als Stummfilm laufen lassen, man hätte bei ihnen richtige Rede vermutet.

Eine intensive Sprachtherapie unterstützte den Sprechwillen der Kinder. Nun, sechsjährig, in einer speziellen Klasse für zentrale Wahrnehmungsstörung, sprechen diese Kinder, wenn auch langsam, aber doch verständlich. Der multisensorische Einsatz von Sprache im frühen Alter – und man kann nicht früh genug beginnen – hat dies vorbereitet.

In einer gemischten Gruppe sechs- bis siebenjähriger Hörgeschädigter, Kinder mit leichter zerebraler Parese (MCP), fiel ein Mädchen durch ihr ungeschicktes, ungelenkes Wesen auf. L., sieben Jahre, trug einen großen Hörapparat auf der Brust, war in sich zusammengesunken und machte so den Eindruck von zusätzlicher Körperbehinderung. Sie konnte nicht im Schneidersitz sitzen, leistete keinen Beitrag und sprach auch nicht. Sie blieb aber trotzdem in der Gruppe – zum Ärgernis eines Buben – und bekam das gleiche Angebot. Der genannte Junge wollte nichts mit ihr zu tun haben, lehnte es ab, neben ihr zu sitzen und sogar ein von ihr gespieltes Instrument zu übernehmen. Zunehmend wurde sie wacher und teilnahmefreudiger. Ihr Hörgerät trug sie nun unsichtbar am Ohr. Sie klatschte, bewegte sich und wurde unauffälliger. Auffällig wurde sie wieder durch einen guten Beitrag am Xylophon, indem sie die Klöppel besonders geschickt handhabte. Ungefähr in der zehnten Stunde überraschte sie durch einen Wirbel auf der Pauke, die Klöppel wurden alternierend ganz schnell bewegt. Die einzelnen Kinder waren aufgefordert, die Pauke zu spielen, und als M., obengenannter Junge fertig war – er ist mit einem Beitrag beschrieben in Perzeption, 7. Beispiel –, gab er L., eben diesem Mädchen von sich aus seine Klöppel, bemerkenswert! Die einzelnen Kinder waren aufgefordert, die Pauke zu spielen in selbstgewählter Weise, und die

Gruppe sollte bewegungsmäßig dazu reagieren. Nun L. – sie spielte souverän die Pauke, mit einem sicheren Abschlag leitete sie die Kinder in die Stillehaltung, in die Hocke, und genoß es, daß die Kinder reagierten, mit einem weiteren Schlag holte sie die Kinder wieder hoch und wirbelte sie mit ihrem Wirbel im Raum umher. Ein frisches, aufrechtes, lebhaftes Mädchen bewegte sich sicher in der vorwiegend aus Buben zusammengesetzten Gruppe. Sie hat sich so gewandelt, daß man sie auch vom Äußeren her nicht wiedererkannt hätte. Zunehmend äußerte sie sich lautlich, und wenn sie bei einer Sprachaktivität an die Reihe kam – z. B. auf der afrikanischen »Sprachtrommel« eine Geschichte erzählen, die Kinder kamen intuitiv auf diese Verbindung selbst –, sprach sie lange und ausführlich zusammenhängend, natürlich, ohne daß wir es verstanden. Ihre Veränderung bemerkten auch die anderen Kinder und M., der vorher verächtlich auf L. geschaut hatte, kommentierte dies, ungefragt, folgend: »Die L. hat sich gemacht, ich hätte das nicht gedacht.«

Blinde und Sehbehinderte

Es ist im allgemeinen Bewußtsein, daß blinde Menschen ihre Kompensation im Hörsinn haben, über den Hörsinn ist der Einstieg in die sie umgebende Welt möglich. Der taktile Sinn kann durch den Hörsinn stimuliert werden. Der taktile Sinn kann bei einem blinden Kind gut entwickelt sein, wenn die häusliche Umgebung intakt ist. In schlechtem häuslichem Milieu oder bei einem Heimkind, das nicht genügend Zuwendung erfährt, wird der taktile Sinn verkümmern. Über den Hörsinn besteht noch ein letzter Zugang.

Das blinde Kind ist erheblich isoliert, es kann aber durch die Musik gut kommunizieren, d. h. es kann mit Hilfe der Musik und musikalischer Mittel mit anderen Kindern in Beziehung kommen.

Ich möchte in meinen Beispielen nicht Fälle von blinden Kindern im allgemeinen schildern, nicht berichten von Kindern, deren Umwelt von Anfang an so zugetan war, daß die anderen Sinne voll und ersatzfähig ausgebildet werden konnten – hier ist mit Training ein vollkommenes Musizieren möglich – sondern von solchen Fällen, in denen Blindsein eine zusätzliche Behinderung erfährt, exogener oder endogener Art, durch die Umwelt oder von innen heraus. Auch in einem Fall von einer erworbenen starken Sehschädigung mit erheblicher Verhaltensbeeinflussung.

Weil einem blinden Mädchen, damals im Alter von zwanzig Monaten, der Trommelklang erkundenswert erschien, faßte sie auf das Trommelfell. Bis dahin hatte sie jeden Handkontakt abgelehnt. Nur die Füße tasteten, sie tasteten den Gitterstall ab, oder die Bettunterlage, jede Handbefühlung wurde abgelehnt, aktiver oder passiver Art. Daher war auch eine physiotherapeutische Behandlung nicht erfolgreich, da es auf jedliche Berührung mit heftigem Weinen reagierte. Als ich Uschi zum erstenmal sah, war sie ein kleines, in sich zusammengezogenes Paketchen. Aus der Beobachtung, daß nur die Fußsohlen aktiv waren und von sich aus tasteten, wurde der Einstieg auch über den Kontakt mit den Fußsohlen und den Beinen versucht und er gelang! Sie duldete weiche Klöppelschläge an den Fußsohlen, an den Beinen, an den dünnen Schenkeln entlang in rhythmischen Schlägen von differenziertem Charakter, unterstützt mit einigen Worten, Namensnennung und kleinen Versen. Heftig wehrte sie aber ab, diesen weichen Klöppel auch anzufassen.

Es wurden ihr immer wieder Tast- und Berührungsangebote gegeben, sie wurde aber nie gezwungen, etwas in ihrer Hand zu behalten. Kleine Zimbeln, angeschlagen und an ihr Ohr gehalten, akzeptierte sie mit einem mimischen Reagieren, dieses steigerte sich bis zu einem Lächeln. Mehr und mehr wurde der Kopf gehoben, wenn sie einem Klang nachschaute. Sie schaute dabei auch leicht nach links, nach rechts, wenn der Klang rechts oder links zu hören war (s. Bildteil). Sensationell war das Betasten des Trommelfells, Kratzbewegungen zuerst, später Schläge mit der Handfläche. Nun suchte sie auch schon ein kleines Becken, in der Nähe ihrer Hand angeschlagen, zu erreichen, faßte es, und hielt ihre Hand darauf. In gleichem ruhigem Rhythmus wurde nun das Becken weiter angeschlagen, immer länger ertrug sie diesen Schwingimpuls und nahm ihn lernend auf. Dabei hob sie jedesmal den Kopf und atmete dieses Geschehen sichtbar ein. Etwas später ergriff sie rechts und links gleichzeitig das angeschlagene und ihr angebotene Becken und behielt ihre Hände darauf.

Spontan nach Dingen greifen sah ich bei ihr zum erstenmal bei einem Schellenstab. Sie hatte vorher zu einer von Flöte und Xylophon animierenden Musik rhythmisch richtig mit diesem Schellenstab leise am Boden mitgeschlagen. Sie hatte ihn dann abgelegt; als die gleiche Musik wieder einsetzte, nahm sie ihn spontan wieder auf und spielte mit. Musikalisch konnte sie soweit differenzieren, daß sie lauschte, wenn die große Flöte langsam in melodischen Bögen spielte, aber sofort spontan mitklatschte, wenn die kleine Sopraniflöte in rhythmisch-akzentuiertem Spiel einsetzte. Diese Kontraste im Spiel versteht sie im Sinne nonverbaler Aufforderung, sie entscheidet selbst. Sie spricht aber kein Wort und befolgt so gut wie keine Aufforderungen. »Tanz Uschi tanz« aber – was zu ihrem Lied geworden ist –, versteht sie sofort, sie lächelt, freut sich und klatscht manchmal mit. Es wird von den Therapeuten animierend mit Instrumenten begleitet.

Bis jetzt wehrte sie sich gegen jedes Stehen, verspannte sich und schrie, wenn man es von ihr wollte, ganz erbärmlich. Es gelang aber mit Hilfe eines großen, laut angeschlagenen Beckens. In dem Klangsog des vibrierenden Beckens wurde U., kaum daß es angeschlagen war, hochgezogen. Die veränderte Lage, vor der sie Angst hatte, wurde ihr erst bewußt, als sie bereits stand, durch dieses Überraschungsmoment konnte sie sich nicht verspannen und unbeweglich machen, sie schrie erst, als sie stand. Dies wurde in Abständen öfters versucht, nach einigen Malen stand sie für Sekunden ohne zu schreien. Nach einigen Wochen stand sie gut, noch leicht gehalten, oder sich selbst haltend, zum Beispiel an einer Pauke. Sie legte dann, stehend, die Hände auf die Paukenfläche, duldete das Anspielen der Fläche, empfand die Vibration für längere Minuten. Es gelang dann, mit Trommelschlägen unterstützt, sie zum Gehen zu bringen. Ein Trommelschlag entsprach einem Schritt, mit diesem Stimulus wagte sie ihre ersten Schritte.

Als Anreiz, als Motivation, wurden ihr in diesen ersten Gehversuchen Besuchsstationen angeboten: Leicht gehalten von einer Therapeutin, ging sie einen größeren Kreis ab und machte an den Stationen »Flötenspiel«, »Metallophon«, »Triangelklang« und »Schellenklang« halt. Die Klangquelle lockte mit ihrem Spiel, sie ließ sich locken, stand dann vor einer Klangquelle und wippte leicht im Takt dazu mit. So ging sie öfters von einer Station zur anderen, schließlich drängte es sie so sehr zu gehen, daß sie die Therapeutin, die sie leicht in den Hüften hielt, hinter sich herzog. Es dauerte eine kleine Weile, bis sie frei allein stand und soviel Gleichgewicht hatte, daß sie im Stehen leicht hin- und herschwang. Die Physiotherapie stützt durch gezielte Bewegungsübungen diesen Vorgang.

Ein spastischer Junge, achtjährig, am Baßmetallophon

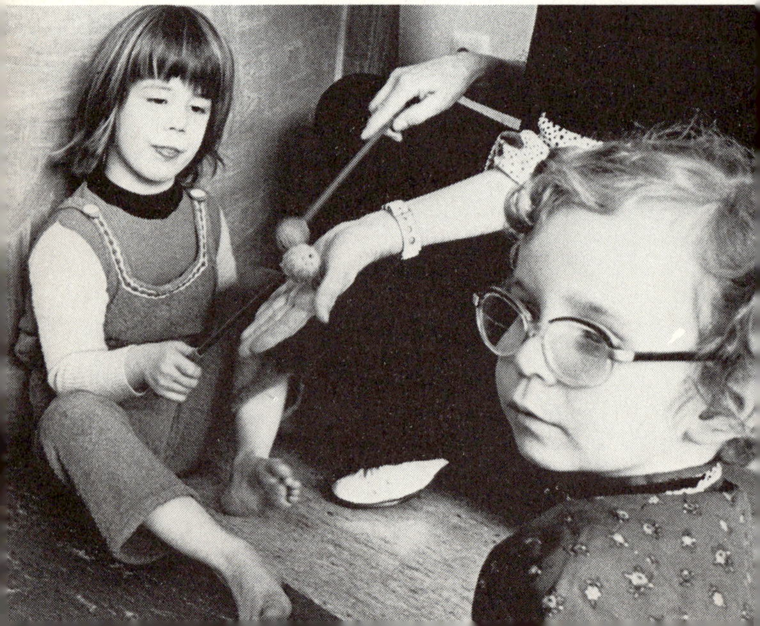

Links oben: Eine Gruppe von Hörgeschädigten bei Versuchen am Instrument, das mit einem Bewegungsspiel kombiniert ist

Links unten: Tatjana, mit Hörschaden und einer Athetose, hat zu heftig auf das Instrument geschlagen. Nun ist die Hand Spielfläche, und wir versuchen einen weichen Schlag

Oben: Der Schlag in die Hand wird jetzt von allen probiert

Oben: Die fast zweijährige blinde Uschi (s. Fallbeschreibung S. 79 ff.) hat ihre ersten Erfahrungen mit der Berührung eines Instruments. Beinahe zwei Minuten lang hält sie die Vibration eines in gleichmäßigen Schlägen angespielten kleinen Beckens aus

Unten: Sie nimmt den Ton eines angespielten Klangblocks hörend auf, dann tastet sie ihn ab

Oben: Ein guter Moment des autistischen Detlef. Er hat Blickkontakt und auch spontan taktilen Kontakt mit dem Therapeuten aufgenommen. Mit Bewegungen und einigen Lauten beteiligt er sich an einem rhythmisch gesprochenen Kindervers (s. Fallbeschreibung S. 149 f.)
Unten: Jetzt ist er wieder nur mit sich selbst beschäftigt, manipuliert mit den Stäben in autistisch-stereotyper Weise. Ein neues Angebot muß ihn aufrütteln

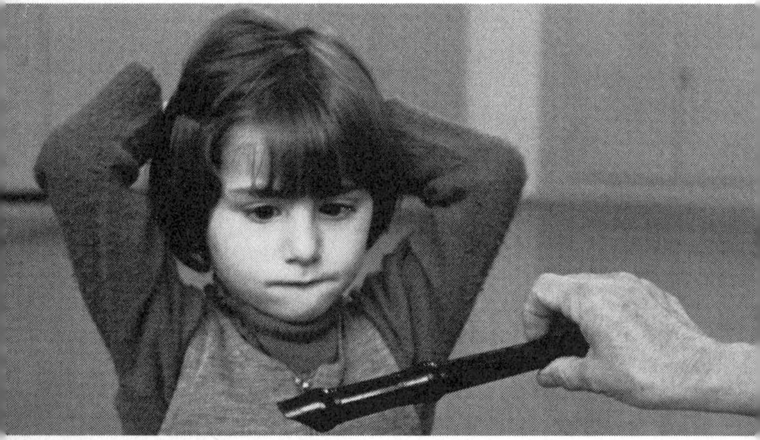

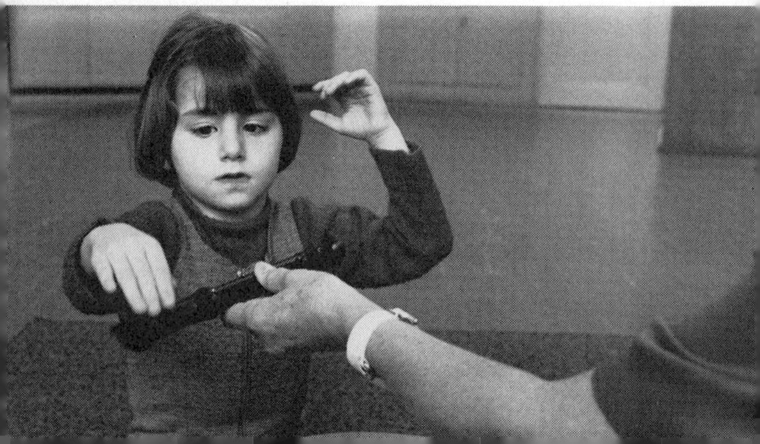

Links oben: Hingegeben lauscht die vierjährige Renée der Flöte, einige Behandlungsstunden haben sie dazu fähig gemacht (s. Fallbeschreibung). Renée hat einen erheblichen Entwicklungsrückstand durch ein massives Deprivationssyndrom und einen frühkindlichen Hirnschaden. Durch die Behandlung wird es allmählich möglich, ihre Hände zusammenzuführen. Ihre innere Verspannung, die so stark war, daß man eine Tetraspastik diagnostizierte, hat nachgelassen (s. Fallbeschreibung S. 152 f.)
Links Mitte: Anfassen will sie die Flöte aber noch nicht. Sie kommt in eine ihr typische Abwehrhaltung
Links unten: Jetzt nimmt sie Kontakt zum Objekt, eine Leistung, die durch die affektive Berührung mit dem Flötenklang zustande kam

Oben: Renée in ihrer für den Autisten typischen isolierten Haltung, die sie nun mehr und mehr verliert

Trommel in verschiedenem Einsatz
Oben: In dieser Gruppe von Verhaltensgestörten wird die Trommel von einem Anführer in der Gruppe aktiv-rhythmisch eingesetzt
Unten: In dieser Gruppe von Spastikern ist die Trommel Basis und Unterstützung verbalen Ausdrucks. Abhängig vom Spielverlauf wird sie auch ausgetauscht, gemeinsam gehalten als akustisches und non-akustisches Bindeglied

Überraschungseinsatz der Trommel. Die Therapeutin kann damit eine exzentrisch gewordene Gruppe nonverbal wieder binden

Oben: Die schon vorher gezeigte Gruppe spielt hier gemeinsam an den Instrumenten. Jetzt ist es die von einigen Kindern beobachtete Flöte des Therapeuten, die das Spiel zusammenhält. Der stehende Bub hat eine Hemiplegie. Auf dem Bild handhabt er mit beiden Händen gleichwertig die Klöppel am Baßxylophon
Unten: Zum Abschluß der Stunde, die mit der vorher gezeigten Trommelbewegung begann, ein Ensemblespiel mit verschiedenen Instrumenten, zu dem sich die Kinder abwechselnd [illegible]

In einer Bubengruppe – minimale Bewegungs- und leichte Verhaltensstörungen – dient die Trommel zu einer optisch-akustischen Imitation auf Ebenen von verschiedener Höhe

Oben: Auch Kinder mit schwerster Tetraspastik können sich fröhlich entspannen. R., der blind ist und nicht spricht, steht hier mit Hilfe der Mutter aufrecht, das »Trommeldach« über ihm hat ihn dazu motiviert

Unten: B. hat an die vor das Gesicht des Spielkameraden gehaltene Trommel geklopft und freut sich nun über die Wirkung (s. Seite 90)

Trotz dieser Fortschritte sind Bewegungen der Hände eine Seltenheit. Doch ergreift sie eine vor sie hingestellte Flöte mit beiden Händen, die große, die so groß ist wie sie selbst, wenn sie sitzt, und eine ganz kleine, sie fühlt die Löcher. Wenn man sie dann von ihr wegnimmt und gleich anspielt, kann sie den Gegenstand mit dem Klang in Zusammenhang bringen. Es passierte aber kürzlich etwas Sensationelles: vorausging, daß sie einzelne Klangstäbe, die vor und neben ihr lagen, abtastete, mit der ganzen Hand und abwechselnd mit den einzelnen Fingern, wenn sie vom Therapeuten angespielt wurden. Versuchte der Therapeut den Klangstab hochzuheben, drückte sie ihn aktiv wieder auf den Boden. Nach einem schnellen Flötenspiel auf der hohen Flöte, das sie besonders gern hat, hob Uschi den Kopf. Sofort anschließend kam sie in eine Bewegungsaktivität wie nie zuvor: sie räumte den linken Klangstab auf die rechte Seite und den rechten auf die linke, sie ergriff mit Lust diese Gegenstände und arbeitete so für vielleicht zwei Minuten. Nach diesem Geschehen atmete sie tief. In den folgenden Stunden wurde sie in der gleichen Weise aktiv, nach dem Vibrationsfühlen der angespielten Stäbe, doch für eine längere Zeit, vielleicht fünf Minuten. Sie ergriff dabei spontan zum erstenmal mit beiden Händen ein Ding. Leise Summtöne bietet sie schon länger an, sie singt auch etwas, Sprachliches beginnt. Sie kann teilnahmslos kommen und belebt sich in der Stunde, sie hat ein großes Schlafbedürfnis und ist oft krank. Sie ist jetzt zwei Jahre und acht Monate.

Bei einem anderen Mädchen, einem nun adoptierten Heimkind von drei Jahren, kommt zum Blindsein eine große motorische Unruhe und eine Angst vor dem Alleinsein, sicherlich aus Angst vor dem wieder Alleingelassenwerden. Sie bewegt sich allein im Raum, sie kann sprechen, doch fällt es ihr schwer, sich zu konzentrieren. An einem rhythmisch gesprochenen Vers aber kann sie festhalten. Immer wieder singt und spricht sie das Gehörte, es beruhigt sie. Sie begleitet sich dazu mit den kleinen Holzstäbchen, die sie dazu anschlägt. Ganz intensiv hört sie sich zu und will, daß man ihr zuhört. Sie beansprucht einen ganz. Ihr blindes Partnerkind ist das Gegenteil. Scheu in sich zusammengekauert – es hat einen Hüftschaden –, spielt es lange Zeit immer wieder die leisen Töne seines Metallophons. Das Mädchen sucht damit keinen Kontakt, sie spinnt sich ein. Sie kann nicht allein gehen, aber es gelang sie aufzurichten, sie zum Stehen zu bringen. Sie faßt dann nach dem hoch über ihr angeschlagenen Becken, sie steht für längere Zeit, zum erstenmal. Auch hier war der Klang der Stimulus, um zu stehen. Nun ruft sie auch mit dem Metallophon das andere Kind und dieses kommt und singt ihr Lied mit den Stäbchen, Mara begleitet sie vorsichtig mit dem Instrument. Für beide ist die Stunde nun eine Stunde der Begegnung geworden. Auch sprachliche Äußerungen kommen. Bärbel führt Mara zur großen Trommel, sie stehen sich gegenüber an der großen Trommel und hüllen sich gegenseitig in den warmen dunklen Klang des Fellinstrumentes. Die blinde Bärbel, das frühere Heimkind, spricht zu Hause vom »blauen« Teppich. Sie ist so intensiv und begierig zu kommen, daß die Mutter manchesmal ein Taxi nimmt, damit der Weg, sonst eine Stunde, nicht zu lang ist. Zum Unglück des Blindseins hat sie das Glück, eine solche Mutter, die noch zwei ältere Kinder hat, gefunden zu haben.

Bei einem Fall von erworbener Sehschwäche und erheblicher Lichtempfindlichkeit – sog. Lyellsches Syndrom als Folge einer Infektionskrankheit – konnte die Musiktherapie in kurzer Zeit eine Besserung des Verhaltens bewirken. Die wirkliche Schädigung war im Laufe der Jahre bei dem Buben zu einer ausgeweiteten geworden: zur Empfindlichkeit trat eine Überempfindlichkeit. Trotz starken Brillenschutzes mit fast ganz dunklen Gläsern – ein Normalsehender würde bereits nichts mehr sehen –, nimmt der Bub dauernd eine gebückte Haltung ein, der Kopf wagt nicht mehr nach oben zu schauen, eine oder beide Hände werden ständig als Schutz vor die Augen gehalten.

So kam Fabian auch in unsere Stunde, an einem hellen Herbsttag, bei Sonnenschein, in einen hellen Südraum um elf Uhr morgens. Denkbar ungünstige Voraussetzungen vom Raum her. Lichtscheu trat er ein und wurde gegen das Licht gesetzt, die hellen Vorhänge wurden geschlossen. Der Therapieplan war spontan: gegen das Unlustempfinden des Buben aus berechtigter Ursache gegen helle Räume, insbesondere unbekannte, ein Lustempfinden zu setzen, wobei entsprechende Reize die schon wesensmäßig gewordene Verhaltensweise angehen sollten.

Mit Klangstäben wurde ein akustisches Klima erzeugt, das ihn reizte, auf den angebotenen Stäben mitzuspielen. Dabei legte er die Brille ab, wohl um besser zu sehen, hielt sich aber mit der rechten

Hand ständig das rechte Auge zu. Wahrscheinlich hätte eine Aufforderung, die Hand wegzunehmen, diese Haltung verstärkt. Das musikalische Angebot mußte es bewirken. Ein weiterer Anreiz war die Gitarre. Ein Therapeut spielte Akkordverbindungen auf der Gitarre und überließ bald dem Kind, die Saiten anzuspielen, er übernahm nur mehr den Greifvollzug. Um auf den Vorgang der Akkordverbindung und die greifende Hand aufmerksam zu machen, wurde die Aufforderung gegeben: ›Sag, wenn du einen neuen Klang willst‹. Er bestellte sich neue Klänge, schaute aber noch nicht zur linken Hand des Spielers. Zusammengekauert spielte Fabian die Saiten an. Nun wird die Gitarre aufrecht gestellt, wenn er die Hand beobachten will, muß er aufschauen. Aber er wollte ja nicht aufschauen. Eine weitere gezielte Aufforderung wurde eingesetzt: ›Nimm dieses Holzstückchen, mit dem kannst du dir die Akkorde dunkler oder heller machen, schau, so!‹ Er schaute nicht, aber er hörte es wohl. Er nahm auch das runde Hölzchen und hielt es in der Nähe seiner spielenden Hand, doch dann fuhr er damit auf den Saiten nach oben und wieder nach unten, es ergab Glissando-Akkorde im Barrégriff, die ihm Spaß machten. Eine weitere Aufforderung ›die Gitarre möchte, daß du hinschaust‹, bewegte ihn, den Kopf nach oben zu heben. Wir hatten nun einen Buben, der ohne Brille, im hellen Raum beide Hände agieren ließ und noch dazu nach oben schaute! Nichts wurde kommentiert oder vielleicht gelobt, es wurde wie selbstverständlich hingenommen. Denn jede Ansprache auf sein Verhalten hätte ihn das Außerordentliche seiner Haltung erst bewußt gemacht und er wäre zurückgefallen in seine bisher gewohnte Haltung. Er selbst ging noch über die gestellte Reizsituation hinaus und schaute direkt, wenn auch nur kurz, zum hellen Fenster.

Die zweite Stunde, acht Tage später, war eine jener Durchbrüche, die sensationell sind und unglaublich erscheinen.

Der Junge kam in die Stunde und lief in den Raum, die Mutter rief hinterher: »Willst du die Brille nicht haben?«, er anwortete »nee.« Er ging sofort auf das Baßxylophon zu und spielte es an. Er schaute kurz zu dem Buben, der mit ihm in der Gruppe war, dieser fragte, warum er seinen Kopf so schief halte. Ich sagte zu Reinhard: »Du weißt doch, er sieht nicht gut und das Licht blendet ihn.« Immerhin nahm der sehgeschädigte Fabian seine beiden Hände und spielte frei auf dem Instrument. Dies stimulierte den etwas eifersüchtigen Reinhard und er brachte diese Melodie:

Fabian hörte zu und spielte sie sofort nach und paraphrasierte frei über die Melodie, dazu holte er sich ein Glockenspiel und stellte es auf den breiten Rand des Baßxylophons, er handhabte zwei Instrumente mit seinen zwei Händen. Er traf alle Töne, und wenn ich ihn ansprach, schaute er mich an und hob dabei leicht den Kopf. Es interessierte ihn, unsere an die Wand gehängten Trommeln anzuspielen, die höchst gehängte erreichte er nur gestreckt, doch hielt er noch den Kopf leicht schief. Meine Aufforderung »nimm zwei Klöppel, spiel mit beiden die Trommel«, veranlaßt ihn, sich ganz zu strecken, mit beiden Händen hochzugreifen und hochzuschauen. Von nun an senkte er den Kopf in dieser Stunde überhaupt nicht mehr, er rannte im Raum umher, machte ein täuschend ähnliches Pferdegetrampel, indem er schnell auf allen Vieren uns umrundete, sprang vom Stand aus weit, wir haben es mit seiner Körpergröße gemessen, die er wußte, und maßen 1,42. Es ergab sich wieder ein wenig Zusammenspiel, vom Therapeuten eingeleitet, er nahm das große Triangel und spielte es an und setzte es sich dann auf den Kopf. Dies war ein Moment, ihm die Trommel als Trommelhut anzubieten. Er ging sofort darauf ein, »ah, ich balanciere!«, er stand aufrecht, mit erhobenem Kopf und hielt die Hände weit ausgebreitet. Dies wurde der Mutter gezeigt, und sie meinte, er habe sich so gefreut wiederzukommen, und das wäre doch schon ein Gewinn, wenn er sich überhaupt auf etwas freuen könne. Ob der Bub bei seinen Aktivitäten im Raum gegen das Licht stand oder nicht, bemerkte er überhaupt nicht. Es war gelungen, gegen seine stereotype Haltung – aus ursprünglicher Notwendigkeit schließlich eine angenommene – eine Reizsituation zu setzen, die stärker war und ihn über seinen Schatten springen ließ. Auch außerhalb der Therapiestunde bewegt er sich jetzt normal.

Ein blindes Mädchen mit pränataler Schädigung, schon zwölf Jahre alt, war noch nicht eingeschult oder sonst konsequent gefördert. Sie hatte erhebliche Verhaltensstörungen. Erwachsenen und

Kindern kam sie ganz nahe, befühlte sie, griff ihnen an den Hals (eine nicht unbedenkliche Haltung), und liebte es, mit ihnen zu raufen. Der Therapieplan ging also ganz bewußt auf Distanz. Berührt wurden nur Instrumente, Trommeln, die man gemeinsam hielt, Stäbchen, die man gegenseitig anspielte. Der Raum wurde ausgenützt, die Bewegungsmöglichkeiten wurden angeboten. Sie wurde vielseitig angesprochen und beschäftigt, ihre anfänglichen Raufangebote wurden in Bewegung umgesetzt. Im Laufe der Stunden traten sie nicht mehr auf. Das Mädchen hatte eine wunderbare Stimme und merkte sich Melodien im Handumdrehen. Eine Flötenmelodie, die gespielt wurde, sang sie spontan nach. Ein Lied, das sie gerne mochte, konnte sie immer wiederholen und schwang sich von Strophe zu Strophe höher hinauf. Sie war als erheblich geistig behindert eingestuft, sie konnte sich aber neben Melodien auch Klatschrhythmen sofort merken. Auf Fragen aber: ›Wieviel Beine hat der Stuhl, auf dem du sitzt?‹ antwortete sie ›drei‹, ›ist das Baßxylophon groß oder klein?‹ sagte sie ›klein‹. Erstaunlich war die Konsequenz der falschen Antworten. Auf die Frage aber: ›Wie viele Töne hast du gespielt?‹ antwortete sie richtig ›vier.‹ So sehr sie Menschen bedrängt und angreift, so wenig Kontakt hatte sie mit Dingen, sie wirft sie um, sie will sie nicht betasten. Sie gewöhnte sich aber an die Instrumente und warf nach einigen Stunden keines mehr um. Ihre Konzentration nahm zu, sie ging frei im Raum, dorthin, wo sie jemand rief, ohne sich an jemand anzulehnen.

Nach dem Lied ›Es war eine Mutter, die hatte vier Kinder‹ stimulierte der Therapeut sie zu improvisieren: ›Wie empfindest du den Winter, wie empfindest du den Sommer‹. Sie suchte sich einen dunklen Ton am Baßxylophon und sang dazu »der Winterton«, sie suchte sich einen hellen Ton und spielte ihn akzentuiert und schnell und sang dazu »der Sommerton«.

Unvermittelt konnte sie uns fragen: »Wie ist das Holz?« »Wie ist das Metall?« Wir hatten ihr solche Fragen gestellt, nun stellte sie sie uns und lächelte dabei verschmitzt.

Es gelangen Spiele mit dem Ball. Sie wirft und fängt ihn sicher. Mit den rhythmisch gesprochenen Worten »Ball, du, Ball, ich« wird ein größerer Ball so auf den Boden aufgeschlagen, daß der Partner ihn leicht fangen kann. Man schlägt ihn auf den Boden bei »Ball«, der Therapeut fängt ihn bei »Du«, schlägt ihn auf bei »Ball«, das Mädchen fängt ihn bei »Ich« und so fort. Der Therapeut versuchte dies mit geschlossenen Augen, »blind«. Durch den gleichmäßigen Rhythmus war man mit dem Ball und mit dem anderen harmonisch verbunden.

Im Verlauf einiger Stunden war sie sicherer und ruhiger geworden, ohne tätliche Aggressionen. Sie nahm Kontakt zu Dingen auf, sie ging frei im Raum. Ihre anfänglich stereotypen falschen Antworten – sie waren ein bequemes Ausweichmanöver geworden –, wurden ersetzt durch konkrete Fragen und richtige Antworten.

Motorische Behinderung

Hier sei vor allem auf Behinderungen, die aus cerebraler Bewegungsstörung herrühren, eingegangen. Sie sind unterschiedlich stark und auffällig:

die minimale cerebrale Parese, MCP, ist eine geringe Bewegungsstörung, die Auffälligkeiten in der Bewegungskoordination mit sich bringt, die aber oft so geringfügig sind, daß sie mit Ungeschicklichkeit, Fahrigkeit, Unkonzentriertheit verwechselt werden,
die Hemiplegie, eine Lähmung, Schlaffheit oder Spastik nur einer Körperseite,
die Tetraspastik (Tetraplegie, Tetraparese), eine Verspannung, Lähmung oder Schlaffheit vierfacher Art, Arme und Beine einschließend.

Die motorische Behinderung ist begleitet von einer Sprachverzögerung, eine geistige Behinderung kann, muß aber nicht damit verbunden sein.

Die spastischen Schädigungen bewirken eine Bewegungsarmut. Durch Motivation, ausgelöst durch Klang, Rhythmus und Spiel kann Bewegung »in Gang gebracht werden«, die sonst unterlassen würde. Der Bewegungswille ist für die geschädigte Bewegungsfunktion wichtig. Hier sieht die Musiktherapie ihre Aufgabe. Die Physiotherapie, die Krankengymnastik, auch die Beschäftigungstherapie (Ergotherapie) kann auf solchem Bewegungswillen des Kindes aufbauen.

So werden Gleichgewichtsübungen bei leichter cerebraler Parese durch akustische Unterstützung sinnvoll. Die Übungen werden nicht als Pflichtübungen vom Kind aufgefaßt: rhythmisch unterstützt ist ein Kniestand, ein Steigen, ein Springen sinnvoll, die Wiederholungen einer solchen Übung werden aus einer rhythmischen Phrase heraus notwendig. Das Spielerische, das durch rhythmische oder klangliche Unterstützung in solche Übungen kommt, ist keineswegs weniger professionell oder therapeutisch, im Gegenteil therapeutisch viel wirksamer. Verspannungsmomente, die durch erzwungene Steh-, Geh- oder Bewegungsübungen immer entstehen, sind Verzögerungsmomente, durch die mitgehende emotional negative Komponente besonders entwicklungshemmend.

Bei der Hemiplegie ist eine Seite nicht voll ausgebildet, das Kind wird es immer bevorzugen, mit der gesunden Hand zu arbeiten. Erinnert man ein Kind, die andere Hand auch zu gebrauchen, so wird es sich meist bewußt dagegen wehren. Der Gebrauch beider Hände muß ihm eine sinnvolle Notwendigkeit sein, es muß sich üben in dem Gebrauch. Dabei möglich auftretende Verspannungen sind nicht schädlich, da sie durch den Impuls zur Bewegung aufgewogen werden. Korrekturen sollen deshalb nicht während der Aktivitäten gegeben werden.

Bei kleineren Kindern wären Aufforderungen, wie Spuren im Sand zu krabbeln, möglich, oder Reifenspiele, Ballspiele mit dem Einsatz beider Hände. Ich finde es günstig, wenn ein solch geschädigtes Kind in einer gemischten Gruppe sich mitbewegt, da es am ehesten dann über seinen Schatten springt. Bei größeren Kindern kann ein Imitationsspiel optischer Art helfen, mit beiden Händen im Gebrauch, mit oder ohne optisch-akustisch eingesetztes Instrument. Ebenso Imitationsspiele auf dem Instrument: erst nicht genau intervallmäßig, sondern in freiem Gang mit beiden Klöppeln nach oben, d. h. nach rechts, mit beiden nach links, gegeneinander, auseinander, im wechselseitigen Anschlag von links und rechts. Man sollte aber auch in dieser spielerischen Situation nie auf den beidseitigen Gebrauch besonders aufmerksam machen. Ideal ist eine Zusammenarbeit mit der Physiotherapie, indem anschließend an die Musiktherapie das Bewegungsangebot verarbeitet wird.

Ähnlich verfahre man bei tetraspastischen Fällen. Ein Bub, dreijährig, lehnte die Physiotherapie ab. Er schrie, wenn man ihn berührte, er griff nach nichts spontan, und überhaupt nicht mit der linken Hand, er sprach nicht und konnte nicht frei sitzen. Das Flötenspiel, für ihn gespielt, machte ihm ungeheuren Eindruck. Er griff nach der Flöte, er nahm sie in die rechte Hand, der Vollzug des Blasens gelang ihm nicht. Um ihm das Blasen deutlich zu machen, wurde ein Stück Papier, schnell gebracht, mit dem Atem, mit dem Blasen, in der Luft balanciert, bis es herunterfiel. Es wurde auch wie ein Fächer behandelt. Auch das faszinierte ihn. Das Schreien und Weinen am Anfang dieser gleichen Stunde war verflogen, es kam nie wieder während dieser intensiven dreiwöchigen Behandlung. Er griff mit seiner schlechten Hand, der linken, nach dem Papier, da er rechts noch die Flöte hielt, er griff nach dem Blatt, konnte es halten und fächerte auch damit. Der Einstieg war gelungen!

Variationen dieses Greifens waren, das Blatt hoch oben zu erreichen, einen Klöppel in die Hand zu nehmen, die Flöte gegen den Klöppel zu tauschen. Mit Hilfe der zweiten Therapeutin, die ihn sitzend hielt, spielte er mit beiden Klöppeln, also mit beiden Händen auf eine vor ihn gestellte Bongotrommel. In den folgenden Stunden ertrug er fremde Leute im Raum, was ihn sonst sofort zum Schreien veranlaßte, seine emotionale Disposition hatte sich gestärkt. Später nimmt er allein die bereitgestellten Klöppel und versucht sich auf der Bongotrommel. Das Doppelte in einer Einheit bei dieser Trommel – zwei kleine Trommeln, also zwei Fellflächen – bietet sich besonders an für das links-rechts Spielen. Sie wird eigentlich mit der Hand, beziehungsweise mit den Fingern angeschlagen, für den kleinen Walter war aber die Zwischenschaltung in Form des Klöppels nötig. Sein Rhythmus wird vom Therapeuten aufgenommen, es bahnt sich ein nonverbaler Dialog an. Die Partnerbeziehung war angebahnt.

Ein weiteres Spiel wurde mit den einzelnen Klangstäben ausgeführt, Walter schlägt eifrig und relativ kräftig mit erstaunlich lokkeren Händen darauf, selbst korrigiert er die Handhaltung der Klöppel. Seine Abneigung gegen Fell – er griff nie ein Tier aus Fell an – aus einer Übersensibilisierung verschwand wie von ungefähr: Kleine Klötzchen, die mit Stoff oder Fell bespannt waren, wurden in eine Trommel geworfen, durch Hin- und Herbewegen der Trommel rutschten sie darin. Er unterstützte kräftig diese Bewegungen. Auf Aufforderung nimmt er dann die einzelnen Stückchen – Fell oder nicht Fell – und wirft sie in eine andere Trommel. Auf Aufforderung gibt er sie schließlich in einen Kasten und zögert nicht, die Fellstückchen in die Hand zu nehmen. Hier antwortete er zum erstenmal auf die Frage: »Welches nimmst du jetzt?« mit »Des da!« Die Hände werden lockerer, sie liegen offen und unverkrampft auf dem Trommelfell. Die Zimbeln interessieren ihn so, daß er sie beidseitig nimmt und mit Hilfe anschlägt. Das große Becken wird von ihm angeschlagen, links und rechts abwechselnd. Er ist so vertieft in sein Spiel, daß er nicht merkt, daß er schon längere Zeit allein, ohne Stütze sitzt!

Von nun an sitzt er allein in der Stunde. Er duldet andere Leute, er mustert sie aufmerksam, auch andere Kinder, er spricht, wenn auch nicht viel, aber verständlich und verständig. Noch sträubt er sich gegen das Aufrichten, aber er ergreift einen Reifen vor ihm und läßt sich hin- und herziehen. Er läßt sich dann mit Hilfe des Reifens leicht hochziehen und steht für kurze Zeit. Er überträgt Erfahrungen, so z. B. die am großen Becken gemachte, daß man es abdämpft, wenn man es anfaßt, er macht das gleiche am Metallophon. Immer ist es interessant etwas anzufassen und notwendig, das ist die Motivation. Innerhalb der drei Wochen ist aus dem ängstlichen Buben, der niemand traute und sich nichts zutraute, ein mutiges Kind geworden, das frei sitzt, steht und zu gehen anfängt, das andere erträgt und mit ihnen in sozialen Kontakt kommt und dann auch spricht. Sein Sprachschatz nimmt zu, er hat den Durchbruch zur Welt geschafft.

Ähnliche Durchbrüche bei einem noch schwierigeren Fall, bei dem zur Tetraspastik noch Blindheit kam und sprachorganische Schwierigkeiten. Ein Junge, bei dem man aufgeben möchte, wenn man ihn zum erstenmal sieht: den Kopf eingezogen, verspannte Hände, vorerst keine Reaktionen. In einer kleinen Gruppe von anderen schweren spastischen Fällen, alle drei- und vierjährig, erholt sich der Junge soweit, daß er mit gut aufgerichtetem Kopf teilnimmt, daß er sich weiter aufrichtet, sogar nach oben greift – um das über ihm tönend schwingende Becken zu erreichen. Er hatte sich geweigert, einen Gegenstand in die Hand zu nehmen, jetzt nimmt er einen Klöppel und spielt damit auf seiner Trommel. Er freut sich, er berührt sein Nachbarkind. Das Lied »Ringel, ringel Rosen, schöne Aprikosen«, machte einen solchen Eindruck, daß er von nun ab rohes Obst, das er vorher strikt abgelehnt hatte, ißt. Er ißt nun, noch geführt, aber schon selbst mit dem Löffel, er ergreift ihn. Auch bei heißem Wetter kam er mit vollkommen kalten verkrampften Händen – die linke läßt sich auch nicht mit Hilfe öffnen – nach ungefähr zehn Minuten Anwesenheit in unserer Musiktherapie öffneten sie sich, auch die linke, und sie sind warm durchblutet. Nur durch die Animation des Dabeiseins, durch seine Anteilnahme am Geschehen ist dies möglich. Sein geringer Schlagbeitrag könnte es nicht bewirken.

Hier zeigt sich das »akustische Klima«, eine Reizsituation aus Klang, in die die Kinder einschwingen können, verbunden mit viel sprachlicher Stimulanz. Dabei wird immer gefordert, aber in einer faszinierenden Weise. Die Kinder werden locker, sie bieten spontan Bewegungen an, die ihnen sonst nicht möglich sind, sie kommen durch die Musiktherapie in einen Bezug untereinander.

Dies ist eine Stunde im Beisein der Mütter, die ihre Kinder auch halten (s. Bildteil). Während der Woche stimulieren sie ähnliche Situationen und fordern damit Bewegungsübungen in einer spontanen Weise heraus. Der Austausch der Mütter untereinander bedeutet auch eine Hilfe für sie, bei einer Einzeltherapie ergäbe sich dieser Kontakt nicht (s. Bildteil).

Geistige Behinderung

Die geistige Behinderung oder der Rückstand in der geistigen Entwicklung haben mehrere Ursachen. Der ›geistige Rückstand‹, wie es das Wort schon andeutet, kann bis zum gewissen Grad aufgeholt werden, wenn seine Ursache äußerer Art ist: wie mangelnde Zuwendung im frühen Kindesalter, wenig Angebot geistiger Förderung, längerer Aufenthalt im Krankenhaus oder Heimen. Ist die geistige Behinderung endogener Art, hat sie ihre Ursache von innen heraus, ist Förderung entsprechend der Schwere des Falles und entsprechend dem Einsatz der Hilfsmittel und der Intensität der Therapie ergiebig.

Die geistige Behinderung verursacht meist eine körperliche *Ungeschicklichkeit*, eine Plumpheit, die Feinmotorik ist nicht entwickelt. Es geht zum Teil eine *Überaktivität* der Bewegungsorgane und eine rastlose Unruhe miteinher – oder aber eine *Bewegungsarmut*, eine allgemeine Interesselosigkeit. Das Gehen ist oft spät und unzureichend entwickelt. Dazu kann eine *aggressive Haltung* oder eine freundliche *Distanzlosigkeit* kommen. Immer ist ein *sprachlicher Rückstand* mit im Bild und *mangelndes Sprachverständnis.*

Die Orff-Musiktherapie kann in diesen Fällen sehr viel helfen, wirksam kann sie den durch die geistige Behinderung bedingten Verhaltensabnormitäten begegnen:

der *motorischen Ungeschicklichkeit* durch den Umgang mit dem Instrumentarium. Vorausgeht ein Aufbauen der Hand-Auge-Koordination durch optisch-gestische Imitation, auch optischer Einsatz von Instrumenten. Verschiedener Anschlag der Instrumente, mit den Händen allein, mit den Klöppeln, alternierend links und rechts. Dazu Bewegungsübungen für das Stehen, das Gehen, das Springen usw., unterstützt von signalgebenden Instrumenten –

der *Überaktivität* durch das Einbauen und Verarbeiten der ungesteuerten kindlichen Bewegungen. Hierbei folgt man dem ISO-Gesetz, man geht mit der Intention des Kindes. Aber auch ruhige Klänge, auch gesungene oder gesummte Akkorde werden als Sedativa angeboten, mit gestischer Imitation versucht man Konzentration aufzubauen. Man wechselt die Aufgaben, sobald das Kind das Interesse verliert, versucht aber die Konzentrationsspanne zu verlängern, man baut auf kleinen Einheiten auf und steigert und verlängert sie –

der Bewegungsarmut durch optische und akustische Stimulation. Optisch z. B. durch das Verfolgen einer Bewegung, eines bewegten Gegenstandes mit den Augen, dies wird kontrastreich und intensiv angeboten, um die Reizschwelle zu tangieren, eindringlich – aber nicht aufdringlich. Zum Gehen wird man stimulieren: hin zu faszinierenden Orten, dort wo die Pauke steht, oder folgend einem tönenden Instrument –

der Distanzlosigkeit mit einem reichen Angebot an Aktivitäten, mit Instrumenten als Distanzreglern. Längere rhythmische Abläufe mit Klatschen, Gehen, Trommeln zur Ablenkung von sich weg zu etwas hin –

dem sprachlichen Rückstand durch Anreiz zur Sprache wie: Rufen durch die Trommel, durch die Hand. Lautlich-syllabisches Angebot für Gehen, Springen. Alle sprachlichen Äußerungen werden unkorrigiert angenommen, Worte der Kinder werden aufgegriffen, Augenblicksituationen werden eingebaut in das therapeutische Geschehen. Prägnante Gesten unterstützen Silben oder Worte wie »hoch, dunkel, hinten« usw.

Man begegne der geistigen Behinderung mit einem reichen musikalischen Angebot, man wechsle die Aktivitäten, man fordere das Kind, man provoziere auch das geistig behinderte Kind, man gebe ihm künstlerisch Anspruchsvolles, elementare Kunst, nicht Brosamen. Man ziehe Angebote zurück, wenn sie nicht ankommen, sei es, daß sie zu schwierig, sei es, daß sie nicht anziehend genug sind. Mit dem richtigen Angebot kann man interessieren. Auch das geistig behinderte Kind braucht Stimulation und lebt vom Reiz. Die Wiederholung ist notwendig, aber sie muß noch Spannung haben.

Bei schwerer geistiger Behinderung der torpiden, der unaktiven Art hat es sich bewährt, ein oder zwei solcher Kinder in einer Gruppe mit leichterer geistiger Behinderung oder sogar mit normalen Kindern teilnehmen zu lassen. Sie stören nicht. Wenn möglich, sollte ein zweiter Therapeut allein für sie zur Verfügung sein. Das Geschehen, an dem sie teilnehmen, beeinflußt sie. Ihre Reaktionen aber sind sehr langsam. Zwei, drei Stunden später, d. h. zwei, drei Wochen später, kommen Brocken aus zurückliegenden Stunden unvermittelt zur Äußerung, ein Material, auf dem man nun aufbauen kann.

Beispiel
Ein schwer geistig behinderter siebenjähriger Junge, der teilnahmslos in einem Beschäftigungskindergarten saß, entwickelte dort Interesse für die anderen Kinder und für das Geschehen in diesem Kindergarten, nachdem er ungefähr vier Stunden lang – eine Stunde pro Woche – bei unserer Musiktherapie scheinbar teilnahmslos anwesend war. Er war mit drei normalen Kindern, einer davon war sein Bruder, zusammen in der Stunde. Er freute sich jeweils sehr auf die Stunde und überraschte in der dritten Stunde, indem er etwas wiederholte, was wir in der ersten Stunde gemacht, inzwischen aber abgelegt hatten. Er duldete vorher keinen Berührungskontakt, nun lehnte er gelöst an seiner Kindergärtnerin. Seine Zuwendung zu Menschen und Objekten begann und förderte ihn in dem Maß dieser Kontaktaufnahme weiter.

Beispiel
Ein schwer geistig behinderter Junge mit massiven Verhaltensstörungen entwickelte sich zu einem in die Gruppe integrierbaren Glied. Anfänglich hielt er sich nur die Ohren zu und stieß grunzen-

de, abwehrende Laute aus. Er schien fast untragbar in dieser Gemeinschaft und störte uns sehr. Dann nahm er eine etwas freundlichere Haltung zum Therapeuten ein und duldete, daß dieser ihn anfaßte. Er war so abwehrend, daß er keinen Gegenstand in der Hand behielt, ihn sofort fallen ließ, man hätte Muskelschwäche vermuten können. Dieser selbe Bub nahm nach einigen Stunden seine Trommel, wie er es oft von den anderen gesehen hatte, hielt sie hoch und schlug sie mit kräftigen Faustschlägen fast triumphierend, so ging er umher. Anfänglich war er so abwehrend und ängstlich, daß er sich nicht setzte, später saß er am Boden und stand auch selbst auf, was ihm Mühe machte. Wenn er ein Instrument spielen sollte, ging er umständlich zum Instrument, verlor die Klöppel, wenn er aber dann davorsaß, begann er mit kräftigen und rhythmisch sicheren Schlägen und mit einem verschämt-stolzen Lächeln die Melodie der Flöte zu begleiten. Er wurde soweit aufmerksam und bereit, daß er an einem Xylophon auf ein Frage- und Antwortspiel einging, allerdings nur mit dem Therapeuten. Seine grunzenden Laute gewöhnte er sich ab (siehe auch die Fallbeispiele).

Beispiel
Ein Mädchen, 4 Jahre, mit einem sehr niedrigen IQ, das sich plump bewegte und störrisch und aggressiv war, schien kaum in der kleinen Gruppe tragbar, in die wir sie aufgenommen hatten. Sie schrie erbärmlich, lehnte jede Kooperation ab und war in den ersten Stunden nur am Schoß der Mutter, abseits von den übrigen Kindern. Nun, nach einigen Wochen, sitzt sie mit den anderen Kindern in der Gruppe, befolgt Aufforderungen, wenn auch oft erst mit einem »Nein«, spielt rhythmisch sicher eine Ostinatobegleitung auf den Klangstäben und würde einem Zuschauer, der in die Gruppe kommt, nicht auffallen. Wenn man ein zunächst abweisendes Kind nicht drängt mitzumachen, wird es nach einer gewissen Karenzzeit selbst kommen. Man hat als Therapeut zu entscheiden, ob man es in der Gruppe durchhält, das Kind zurückstellt oder einzeltherapiert.

Den meisten geistig behinderten Kindern gelingt ein rhythmisch organischer Vollzug. Es ist auch möglich, melodische Abläufe selbst zu gestalten und diese zu erinnern. (s. Perzeption, 1. Beispiel.) Zu einem funktionalen harmonischen Spiel wird es jedoch nicht kommen ohne optische Hilfen. Wenn die harmonischen Funktionen sich regelmäßig ablösen, kann ein geistig behindertes Kind im entsprechenden Alter sich dies aus dem wiederholenden Muster einprägen. So wechselt beim Lied »Sur le pont d'Avignon« die Tonika = der Akkord über dem Grundton und die Dominante = der Dreiklang über dem fünften Ton, regelmäßig. Jeweils zweimal wird der gleiche Akkord oder der gleiche Ton angeschlagen. Im achten, dem letzten Takt des Liedes wechselt dieses Muster, es wird verlangt ein Schlag auf der Dominante, ein Schlag auf dem Grundton. Es ist leichter für das Kind, für die letzten zwei Takte ein neues Muster zu lernen, als das vorhandene abzuwandeln. Es wird ihm sogar die kompliziert erscheinende Handbewegung beim Übersetzen von rechts nach links zu Hilfe kommen:

Die harmonische Folge bei der Ennstaler Polka, die regelmäßig ist, wird trotzdem nur »auf Umwegen« vom Kind organisch vollzogen. Es fällt ihm schwer, es auf die »einfache« Art (2. Muster) zu vollziehen, leichter auf die komplizierte (1. Muster), da ihm das Muster eher eingeht.

Rhythmische Sicherheit und rhythmisches Einspielen ist fast immer zu erreichen. Doch sollte man die Kinder gewähren lassen, den ihnen natürlich erscheinenden Bewegungsakzent zu setzen. Nimmt man ihn an, hat man ein befriedigtes Kind. So klatschten zum Beispiel in einer Gruppe von zehn geistig behinderten Kindern alle rhythmisch richtig zu einer Flötenmelodie, aber in verschiedenen Zeiteinheiten, in Vierteln, in Achteln und in Halben, auch in synkopischen Werten (s. Beispiel 1, Perzeption). Wahrscheinlich wäre es schwierig gewesen, von dieser Gruppe mehrere rhythmische Möglichkeiten zu verlangen, hier boten sie sie an. In der Ausarbeitung kann man dann auf jede Einheit eingehen, jede Einheit gemeinsam klatschen oder sonstwie markant ausdrücken. Wenn sich musikalische Varianten aus einer Persönlichkeitsstruktur einstellen, sind sie interessanter und ergiebiger, auch lebensnaher. Auch bei geistiger Behinderung sollte man nicht uniform, nur in einer Struktur vorgehen.

Man muß sich als Therapeut frei machen von Erwartungen und fixierten Vorstellungen – es ist schwer –, man muß dem Kind Raum lassen für *seine* Entscheidung und nicht nur Zeit, den Vorstellungen des Therapeuten zu entsprechen.

Ein Mädchen, zehnjährig, geistig behindert und ein schwerer Stottererfall, traf mit ihrer spontanen, eigentlich nicht erwarteten Antwort den Nagel auf den Kopf. Blitzschnell sagte C. zu dem frei gesungenen und gesprochenen Vers, der mit einer offenen Frage endete: »Nirgendwo.«

Es geht der Schlaf beim Fenster herum
und der Schlummer beim Zaun.
Da fragt der Schlaf den Schlummer:
wo werden wir schlafen?

Der Vers ist von seiner Substanz her meditativ, der Vokal a überwiegt, sch und m sind häufig. Jedes Zeilenende kann verlängert werden durch gestische Ausdeutung: Mit Händen und Armen kann man die Hälfte eines rechtwinkeligen Fensters darstellen, mit gekreuzten Händen einen Zaun. Man hat Zeit zu verweilen, das meditativ-suggestive Sprechen wird unterstützt. Die Kinder sprachen die vorgesprochenen Zeilen nach, die gebundene phonetische Sprache brachte, als Frucht sozusagen, das spontan gesprochene Wort »nirgendwo«.

Bei geistig behinderten Kindern jüngeren Alters wird man gut tun, von kleinen Einheiten her aufzubauen, die zu einer größeren Gestaltung zusammengesetzt werden, in der Anwendung der linearen Koordination.

Nehmen wir als Beispiel einen rhythmischen Vers:

Säge, säge Holz entzwei,
kleine Stücke, große Stücke,
schni schna schni schna
schnucks!

Der Therapeut spricht den Vers und initiiert eine entsprechende Sägebewegung, die sicherlich von den Kindern mitvollzogen wird. Eine erste Aufgabe ist verlangt: bei »schnucks« die Bewegung zu unterbrechen.

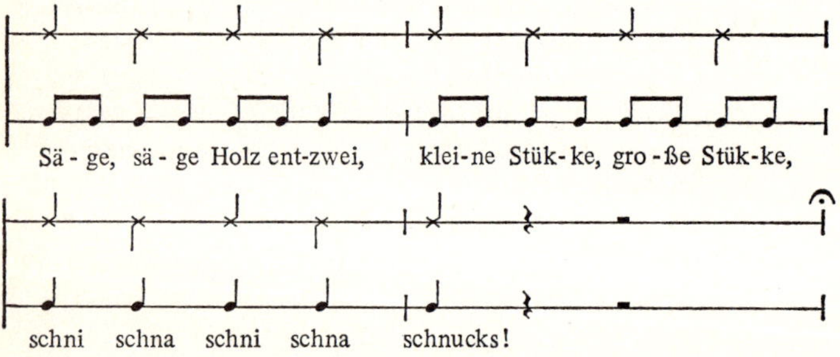

Da wir bei geistig behinderten Kindern, wenn überhaupt Sprache vorhanden ist, oft mit langsamer Sprache rechnen müssen, werden wir, sobald die Kinder mitsprechen, doppelt so langsam sprechen, so wird die Sägebewegung und das Silbensprechen synchron, zwangsläufig wird das lautmalerische schni schna schnucks so langsam gesprochen, daß es zwei Zeiteinheiten ausfüllt.

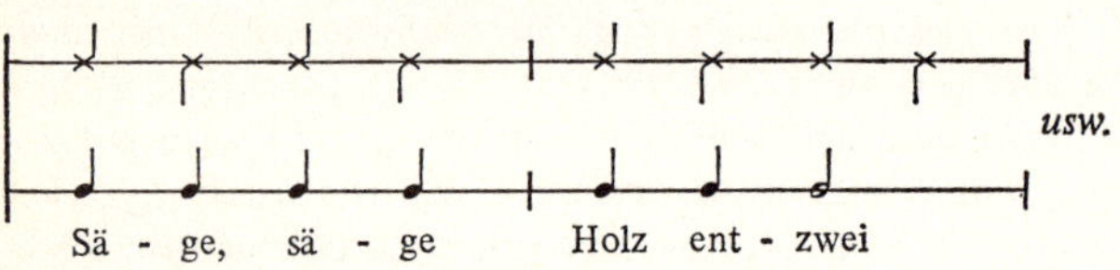

Bei Körperbehinderten könnte gerade das Gegenteil notwendig sein, eine Sägebewegung auf vier Silben, bzw. zwei Silben.

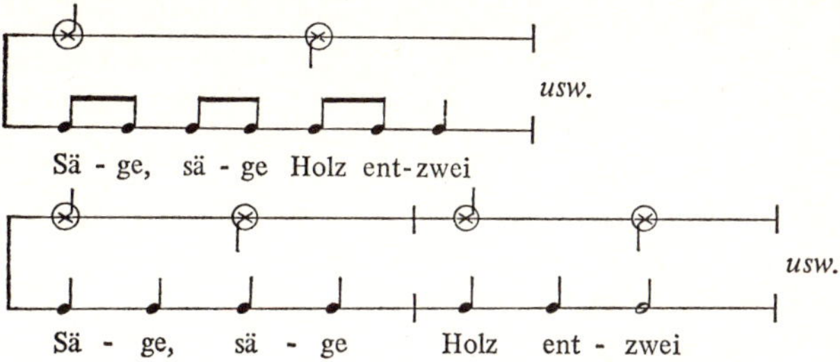

Man kann nun aufmerksam machen, wo wir mit dem Arm bei »schnucks« sind, am Körper oder weg vom Körper – warum? Wir können dann bewußt die Bewegung anfangen: her zum Körper, oder weg vom Körper, es ist eine Entscheidung verlangt.

Wir können nun, je nach Kapazität mit den Einheiten spielen, große Stücke schneiden, kleine Stücke, schneller, langsamer schneiden. Man kann den Sägevollzug mit einem Partner vollziehen, hier wieder Entscheidung: herziehen, oder sich ziehen lassen im Beginn.

Da das geistig behinderte Kind, insbesonders das mongoloide, zu langen Wiederholungen neigt und dabei oft kein Ende findet, ist die kurze Formel des »schni schna schni schna schnucks« gut, um bestimmt zu enden. Jeweils eine Einheit kann als Ostinat, als Wiederholungs-pattern benützt werden:

kleine Stücke . . . .
große Stücke . . . .
säge säge . . . .
schni schna . . . .

es wird zum Ganzen ostinat, wiederholend, gesprochen. Wir beginnen damit die vertikale Koordination.

Schließlich kann es noch von der Spielsituation her ausgespielt werden: Ein Baum wird angeschleppt, imaginär hingelegt, die Säger werden bestimmt, die Animatoren sprechen unterstützend ostinat, man kann auch beobachten während des Sägens, ist das Stück dick oder dünn usw. Sollte ein Kind oder ein Paar übertrieben lang sägen, so muß man unterscheiden, ob sie dies aus Spielunfähigkeit oder aus Witz machen, macht das Kind dies aus einem spielverständigen Witz, so ist dies diagnostisch entsprechend zu werten.

Solch eine Arbeit kann unterbrochen werden, man kann in der nächsten Stunde weitermachen, verbessern, koordinieren, eben linear ineinanderfügen, solange das Material Interesse hervorruft und dadurch anwendbar bleibt.

Beispiel

Ein erethisch unruhiges Mädchen, aber nicht der schlimmsten Art, drei Jahre, geistig retardiert, diagnostiziert auch mit möglichen autistischen Zügen, alternativ diagnostiziert mit Absencen, war kaum ruhig am Platz zu halten. Auch für einen Bewegungsablauf war die Behinderung zu groß, es war kein gezieltes Gehen möglich, wie eine Motte bewegte C. sich ziellos unruhig, um schließlich am Fenster zu landen. Die Aufmerksamkeit gleich am Beginn der Stunde konnte jedoch verlängert werden. Dabei gab es aber jeweils nur *eine* Reaktion: das erstemal, bei Wiederholungen keine Reaktion. Dies würde für autistisches Verhalten sprechen. Bei wohltönendem starkem Klang war sie fasziniert und schenkte dem, der ihn auf den Klangstäben erzeugte, vollen Blickkontakt... Sie war bereit zu einigen Berührungen mit der Trommel ohne erkennbaren Rhythmus. In einer späteren Stunde hielt sie ihre Hand lange auf der Bongotrommel, die der Therapeut mit der Hand anspielte. Sie nahm dann beide Hände und legte sie auf die beiden Trommelflächen. Ein anderer Therapeut spielte Flöte dazu, wie lernend nahm sie diesen Vorgang auf. Sie blieb an ihrem Platz sitzen. Die Flöte schloß die Melodie mit einem hohen Triller – hierbei geschah das erste Lächeln, das sich zu einem vorsichtigen Lachen erweiterte. Ein Triller allein gespielt, ohne die Melodie vorher, hatte nicht den gleichen Effekt. Er wurde nicht beachtet. Ein Vergleichsversuch am Ende der Stunde: erst eine Melodie, dann als Abschluß einen hohen Triller, weckte wieder ein deutliches Lächeln. Wieder war es das Erkennen von Gestalt, das den positiven Effekt auslöste, ein Triller allein bedeutete nichts.

Eine große Faszination für Claudia war der Klang der Gitarre. Er holte sie in der dritten Stunde vom Fenster zurück. Freiwillig setzte sie sich hin und hörte zu. Sie griff an den Resonanzkasten. In der nächsten Stunde die gleiche Faszination: sie berührte die Saiten, sie strich vorsichtig an den Saiten, volle Aufmerksamkeit für diesen Lernprozeß konnte an ihrem Gesicht abgelesen werden. Im Gegensatz zu den vorhergehenden Stunden waren wiederholte Aktivitäten gleich interessant, kein Abschweifen dabei. Dies widerlegt das bisher gedeutete autistische Verhalten. Das sonst stumme Mädchen bietet einige Laute an, die nun gezielt sprachtherapeutisch gefördert werden.

Größere Kinder mit geistiger Retardierung schweifen oft mit ihrer Phantasie und geben mit ihren Erzählungen Einblick in ihre Nöte. Hier kann zum Ausspielen von Ängsten, Komplexen oder ungelösten Fragen die Musik zur lösenden Therapie werden.

In einer Gruppenstunde wurde Blitz und Donner gespielt, ein Bub machte einen eindrucksvollen Wirbel, es donnerte laut. Er sagte: »Sonst hab ich Angst bei Gewitter, aber jetzt nicht.« Auf den Vorschlag des Therapeuten, daß das Gewitter jetzt weiter wegziehe, reagierte er wunderbar. Erst sagte er: »Mach du den Blitz, ich mach den Donner.« Der Blitz blitzte . . ., aber kein Donner kam. Voreilig wollte der Therapeut schon eingreifen, in der Meinung, das Kind habe den Donner vergessen, nach ungefähr fünfzehn Sekunden – und dies scheint lang – kam ein kräftiger Donner, er sagte: »Jetzt ist es schon weiter weg.« Es sind dies die heilvoll-beschämenden Momente für einen ungläubigen Therapeuten. Er stand vielleicht zwei Meter vor mir, es war ein kleiner Raum, diese Distanz genügte ihm, um eine lange Zeitdistanz zu suggerieren.

Beispiel
Ein fünfjähriger Junge, geistig behindert aus hirnorganischen Gründen und durch Deprivationssyndrom verstärkt, wurde einzeln therapiert, da er andere Kinder angriff. In den Stunden war er unvermittelt heftig, zerstörerisch, fast böse, daneben sehr zart, empfindsam, weich. Er spielt sensibel auf dem Metallophon, er ist bereit, mit dem Therapeuten zu alternieren, in einem losen Gespräch auf dem Instrument. Er singt wunderbar, ganz rein. Aus dem Kontrast von »auf« und »zu« – einer seiner Manien – erfindet er diese Melodie, gleichzeitig schließt und öffnet er die Hände:

Dies bot der Junge als fertige Gestalt an. Erstaunlich die Zusammenfassung im vierten und fünften Takt, erstaunlich auch die Melodie mit den Halbtonschritten.

Nach einigen Stunden wurde es möglich, ihn in eine kleine Gruppe zu geben. Nur einmal war er zum Material aggressiv, als er die Flöte sehr heftig auf den Boden schlug. Zusammen mit den drei anderen Kindern war er schließlich in einem Reifen. In engstem Kontakt drehten sich die vier Kinder, lachten und R. benützte dies keineswegs zu aggressiven Stößen oder ähnlichem. Er war wohl so überrumpelt von dieser Spielsituation, daß er es vielleicht sogar als angenehm empfand. Von da an keine Schwierigkeit mehr, auch mit anderen Kindern geht das Zusammensein.

Beispiel

Ein Mädchen, vier Jahre, erheblich geistig retardiert, ohne Sprache, gebückte, scheue Haltung, leistete Vorzügliches an den Klangstäben. Es war rechts vor ihr eine diatonische Reihe aufgebaut = c, d, f, g, a, b, c und links eine mit dunkleren Stäben = cdfga –. Der Therapeut machte ein Angebot, indem er eine melodische Einheit anspielte. Auf die Frage des Therapeuten: »Magst du das?« nickte sie. Sie spielte ähnliches. Der Therapeut sagte: »Ich spiel es dir nach, Evi!« sie dankte mit einem kleinen Lächeln. Nun kam ein Angebot von ihr, gut strukturiert, der Therapeut wiederholte es. Sie nickte. Sie blieb in engem Raum, aber durchaus melodisch erkennbar, in freiem organischem Rhythmus. Auf die Aufforderung des Therapeuten »spielst du einmal ein bißchen weiter hinaus!« bot sie sofort eine melodische Einheit, etwas länger und mit mehr Tönen. Manchmal wiederholte der Therapeut nicht genau, sondern setzte eine Antwort. Es ergaben sich solche melodischen Linien, rhythmisch flexibel:

Auf Aufforderung wechselte sie die Seite und spielte die tiefen an. Auf die Frage, wiederholt gestellt, ›magst du das?‹ nickte sie jeweils. Als der Therapeut ihr dann ein Triangel anbot und anspielte und fragte: »Magst du das?« kam unerwartet ein verneinendes Schütteln. Der Therapeut war sehr froh darum, da ihm die zustimmenden Nicker nun noch wesentlicher erschienen. Immer wenn ihr nur ein Ton angeboten wurde, auf dem Triangel, auf den Stäbchen, auch wenn er rhythmisch geformt war, verneinte sie. Die Gestalt erkannte sie besser im Melodischen und die faszinierte sie. Eine Flötenmelodie begleitet sie klatschend, ein Triller am Ende begeistert sie. Wie bei dem anderen Fall wurde ein Triller losgelöst vom Gesamtmelodischen nicht als lustig empfunden.

Sie hielt ihren Kopf nun aufrecht, spitzbübisch blickte sie umher, stand auf und ging leicht gehalten, zur großen Trommel oder einer Pauke, stand allein, sie hielt sich fest, es gelang aber auch, sie zu freiem Stand zu bringen. In ein paar Stunden ein großer Fortschritt. Eine Bestätigung durch das melodische Gespräch auf dem Instrument war für sie besonders wichtig, da sie ja verbal nicht sprach.

Verhaltensstörungen

Einen breiten Raum in der Musiktherapie nehmen die Verhaltensgestörten ein. Dabei treten zwei gegensätzliche Arten auf: die eine, die durch *Scheuheit, Sprachverweigerung und Kontaktabwehr auf*fällt, die andere, die sich in *Dreistheit, Rücksichtslosigkeit,* in *Wutanfällen* und *zerstörerischem Wesen* äußert.

Beide Arten fallen im sozialen Gefüge auf, die Ursachen können verschiedener Herkunft sein.

Die erste Art wird erfolgreich in der Gruppe therapiert, die zweite meist in Einzeltherapie.

Bei allen Therapien ist die Art der Verabreichung wichtig, aber bei keiner so entscheidend, wie bei den Verhaltensgestörten. Hier liegt der Erfolg oder der Durchbruch ganz entscheidend am therapeutischen Geschick und Potential des Erwachsenen. Besonders wach, kommunikativ und distanzierend muß er wie auf dem Sprung sein, natürlich bei innerlich wie äußerlich ruhigem Wesen. Er darf sich nicht denken, ich habe soundso viele Stunden zur Verfügung, nein, auf jeden Augenblick kommt es an – in allen Therapien, aber hier besonders.

Bei den Aggressiven wird das Kind den Weg weisen, es kommt auf eine gute Reaktion an; bei den Zurückweichenden muß der Therapeut aktiv mit einem Plan einsetzen und auf die Gruppensituation reagieren. Es ist gut, die Überängstlichen mit nicht Ängstlichen zu mischen, aber doch mit solchen, die nicht aggressiv sind. Es kann sein, daß das ängstliche Kind nur mit Schreien den Raum betritt und ohne Mutter überhaupt nicht hereinkäme. Man lasse das Kind an der Tür sitzen und dränge es nicht weiter hereinzukommen. Der vorbereitete Plan, mit den anderen Kindern durchgeführt, wird es sicherlich schon in dieser ersten Stunde, und wenn es da noch nicht den Mut hat, zu Beginn der zweiten Stunde heranlocken. Von allen Kindern war es bisher nur ein einziger Bub, der hartnäckig seine Außenposition beibehielt, sich im Beisein der Mutter recht wohl fühlte, von seinem Platz aus innerlich und auch manchmal aktiv mitmachte, bis er dann erst in der vierten Stunde bereit war, mit uns zu sitzen. Es ist ein sehr kluger Junge, der jedem Blickkontakt ausweicht, einen aber lang anschaut, wenn man sich der Gruppe zuwendet. Er könnte alles glänzend mitmachen, aber er erträgt keine Aufforderung. Es macht ihm diebischen Spaß, wenn man sich um ihn kümmert und er doch nichts tut. Verlangt man etwas von ihm, und dies muß man nach einigen Schonstunden, kommt eine Welle von Angst aus dem Kind, man hilft ihm aber nun nicht mehr, wenn man ihn schont. Er war fasziniert vom Geschehen, dann auch von einem Mädchen, schon sechsjährig, aber zart – er selbst war erst drei Jahre – sie waren sich ähnlich in ihrer Kontaktarmut Fremden gegenüber und in der Sprachverweigerung, zu Hause waren sie jeweils lebhaft und beherrschten fast die Familie. Das Mädchen war, im Gegensatz zum Buben von der ersten Stunde an kooperativ, trotz der Überängstlichkeit antwortete sie sogar gelegentlich, der Bub war gleichermaßen fasziniert, wollte es aber sich und uns nicht zugeben. Nun ist bei beiden ein gewisser Bann gebrochen, bemerkenswert ist, daß auf Aufforderung spontan gesprochen wird. Zu den beiden kommen zwei andere Kinder: der Bub, – fünfjährig, kleiner Wuchs, Herzschaden, körperlich nicht beanspruchbar, intellektuell überbetont – spricht wann er will, fragt abwegig und ist durch seine Egozentrik emotional eng und sozial nicht ansprechbar. Der Klang der Instrumente überwältigt ihn, er wird weit und wendet sich zu.

Das Mädchen, nun viereinhalbjährig, kam als Dreieinhalbjährige, sie wird in ihrem damaligen Zustand weiter unten beschrieben. Nun ist sie, in dieser für sie neuen Gruppe, die Stärkste, sie lächelt, spricht und singt und spielt kräftig. Die neue Gruppe brachte keinen Rückfall für sie.

Das Geschehen in der Gruppe nivelliert die Einzelnen im positiven Sinn – es trägt ab, wo etwas zu viel ist, es fügt hinzu, wo etwas fehlt. Bei gleichem Angebot und gleichem Geschehen wird Verschiedenes an Verschiedenen bewirkt, das Fehlende wird ergänzt. Die Heterogenität einer Gruppe kann für diese förderlich sein.

Weiteres Beispiel einer heterogenen Gruppe (s. Bildseite 8 u. 10). Rosmarie, dreieinhalbjährig, die Jüngste in der Gruppe, war überaus scheu, sprach kein Wort, war anfänglich immer am Weinen, unterdrückte es aber, da es ihr in der Stunde gefiel. Sie schaffte es ohne Beisein der Mutter die ersten Stunden nicht. Mehr und mehr ging sie dann aus sich heraus, und hinter der schüchternen Schale zeigte sich ein ganz willensstarkes kleines Persönchen, das einem am Schluß die Hand fest drückt. Sie traute sich dann auch zu sprechen, noch mehr zu singen, sie spielte die Instrumente, von denen sie erst das kleinste, später das größte wählte, kräftig, klug und bestimmt. Von zu Hause gut unterstützt, hat sich ihr Verhalten sehr gebessert.

Sie war in einer Gruppe mit einem bereits siebenjährigen Mädchen, das psychisch sehr labil war und in der Schule auf die kleinste Aufforderung hin oder nur auf eine Anrede hin weinte. Es hatte früh seine Mutter verloren und trotz einer guten zweiten Mutter diesen Schock nie verwunden. Die Bewegungsspiele, das Instrumentalspiel interessierten es vom ersten Augenblick, es kam in die erste Stunde als trauriges Mädchen und verließ sie mit leuchtenden Augen. Von Mal zu Mal ging es mehr aus sich heraus, brachte selbst Vorschläge und war äußerst kooperativ. Es konnte nach zehn Stunden als gebessert entlassen werden.

Ein Bub dieser Gruppe, kräftig und gesund, war äußerst scheu und verlegen zu Fremden. In den Stunden traute er sich nichts und versteckte sich gern. Auf Aufforderung war er zugänglich, spielte wann er wollte, dann überlaut und heftig. Oft lag er am Boden, hinter seinem Instrument. Daß er dies unkorrigiert tun durfte und der Therapeut sich sogar für seine abwegigen Ideen interessierte, machte ihn bald weniger auffällig, mehr und mehr ging er mit den Intentionen der Gruppe. Nach den Angaben der Mutter hat sich sein Verhalten gebessert, er sei zugänglicher und diese seine Verhaltensänderung werde auch von Bekannten bemerkt.

Ein weiterer Bub dieser Gruppe weiß nicht wohin mit seinen überschüssigen Kräften. Vom Willen her kooperativ, aber vom Wesen her ungebändigt und überschäumend, ist er oft nicht zu Kooperation fähig. Seine lauten und heftigen Trommelschläge, seine schreiartigen Rufe werden von uns ausgehalten, der Therapeut stimuliert sie sogar für die ganze Gruppe. Vom ganz leisen Klang ist er genauso begeistert. Zwischen diesen Extremen soll nun eine kontrollierte Lautstärke aufgebaut werden. Wir sehen ihn im Bild seinen Klangstäben hingegeben in einer gut entsprechenden Art.

Der dritte Bub in der Gruppe leidet unter Hemiplegie (halbseitige Lähmung). Er hat seine autistischen Züge so gut wie verloren. In einer früheren Gruppe war er für ein Jahr anwesend und fast ausschließlich mit seinen Ideen beschäftigt. *Ein* bestimmter Rhythmus interessierte ihn, in den er sich stereotyp einspann. Allmählich wurde er aufmerksamer auf seine Umgebung und in dieser Gruppe ist er nun gut tragbar. Er benützt hier nur die linke Hand, auf weiteren Bildern der Gruppe spielt er mit beiden Händen.

Der vierte Bub, übereifrig, sich vordrängend, muß lernen mit den anderen auszukommen, sich einzuordnen und auch andere Ideen anzunehmen. Wir sehen ihn als Führer mit der Trommel ganz in seinem Element. Er hat ein bemerkenswertes Gedächtnis für alle Vorgänge und Nuancen, ebenso auffällig war seine Unfähigkeit Klänge zu erzeugen. Er selbst stellte fest ›das klingt ja nicht bei mir!‹ Er hat sich inzwischen sensibilisiert.

In dieser Gruppe waren also Scheue, Übereifrige und Überlaute vereint. Das bewegungsmäßige und spielerische Angebot brachte sie in kurzer Zeit zusammen zu einem kleinen Ensemble, in dem jeder seine Aufgabe hatte, die aber gebunden war in eine Gesamtaufgabe. Kein Üben wurde von den Einzelnen verlangt, von

Anfang an waren sie in einem integrativen Spiel verbunden und wuchsen so zusammen. Flexibel ging der Therapeut und mit ihm die Gruppe in die sich ergebenden auch abwegigen Situationen, der Fluß wurde nicht unterbrochen, er regulierte sich aus dem Spielgeschehen selbst.

Beispiel aus einer Schulsituation mit älteren Verhaltensgestörten
Eine verhaltensgestörte Klasse 15- bis 16jähriger – eine sogenannte EMR Klasse (educationally and mentally retarded) – einer kalifornischen Highschool konnte mit einer Schallplatte interessiert werden, nachdem sie in einer ersten Stunde vom Therapeuten gebändigt wurden. Gespielt wurde ein Stück aus dem Orff-Schulwerk, Band IV aus der Schallplattenserie *Harmonia Mundi musica poetica,* Platte 6. Das Stück gefiel den Buben und Mädchen, sie wollten es wieder hören. Ein Junge versuchte die Melodie auf dem Altxylophon. Es war die zweite Stunde in dieser Klasse.

Gerade dieser Junge war in der ersten Stunde untragbar. Kein Wort des Lehrers wurde unkommentiert gelassen, seine Bemerkungen lösten Lachen in der Klasse aus, nicht ich war Mittelpunkt, sondern er. Er mußte gewonnen werden! Unvermittelt warf ich ein: »Habt ihr schon einmal nach Europa telefoniert?« Diese Frage saß, ich hatte eine Chance. Ich erzählte kurz von meinem Telefongespräch vom Abend vorher.

Wir entwickelten nun einen *over-seas-call* mit verschiedenen Rollen: den zwei Gesprächspartnern, dem Operator (Vermittlerperson), mit Amplifier (Verstärker), Satellit usw. Ich meinte ganz offen zu dem Jungen, der immer unpassend dazwischen redete, »Warum bist du nicht auf einer Insel, mitten im Ozean und fängst dir alle Gespräche ab, du kannst zu jedem Gespräch etwas sagen.« Prima hat er seine Aufgabe gelöst, er stand in der Mitte des Raumes und hatte eine Schlüsselposition. Die Gespräche der Klasse waren entsprechend gewürzt. Nach der Stunde wollte er mir helfen. In der zweiten Stunde bewältigte er bald die Melodie, er war eifrig. Nun bekam jeder einen Part innerhalb des Stückes. Dem schlimmsten der aufsäßigen Mädchen übertrug ich nur einen Triangelschlag an einer wichtigen Stelle und sagte ihr ›dabei mußt du aufstehen, dein Schlag ist wichtig.‹ Ich hatte nicht eine solche Reaktion erwartet, begeistert sagte sie: »I'm important, I'm important!« Das Stück wurde bald zufriedenstellend interpretiert, dann mit der Platte verglichen. Diese Interpretation hob das ganze Klima der Klasse, es besserte ihr Allgemeinverhalten.

Ein dicker großer Junge in dieser Klasse fiel auf durch zotige, freche Reden. Es ergab sich zufällig, daß bei den gesammelten Sprichwörtern von Carl Sandburg *Good morning, America* folgende Redeweise auf ihn traf (je einer las ein Sprichwort, die ich zusammengestellt hatte, mit einem wiederkehrenden Refrain): »There are damm' lies, lies and statistics«. Abgesehen davon, daß diese Jugendlichen nicht sehr gut lasen, aber warum dieses Zögern? Was war geschehen? Der Junge, dem schlimmere Wörter leicht von der Zunge gingen, stolperte bei einem solchen gedruckten Wort, hier stand ›damm'‹. Es war für ihn wie eine Strafe, das gedruckte »Verdammt« öffentlich zu lesen. Für mich war es leider nur ein kurzes Gastspiel in dieser Klasse, aber von den vier Stunden wurde jede besser: Der Block von einer Widerstandsklasse lockerte sich und wurde auf die einzelnen Elemente hin durchsichtig, die kooperativen Jugendlichen gewannen die Oberhand, allgemein wurden sie ruhiger und untereinander verträglicher. Die Lehrkraft der Klasse bestätigte dies auch für die anderen Stunden.

Für das Anbahnen integrierenden Verhaltens, das sich in einer Gruppe bilden sollte, haben wir wirksame musikalische Formen,

1. Die Rondoform, mit einzelnen Soloteilen
2. Die Imitationsform

Sie sind auch in verhaltensgestörten Gruppen ein Bindemittel, das nicht-direktiv und nicht-verbal für längere Zeit ein Geschehen möglich macht, das sich aus sich heraus erhält.

1. Die Rondoform, die alle zu gemeinsamem Spiel bindet, fördert die musikalische Integration. Man spielt mit anderen, man hilft als Einzelner mitzugestalten, man beginnt und endet zusammen. Im Spiel richtet man sich nach einer gewissen Lautstärke, im Spielen kommt man weg vom »Ich« und nähert sich dem »Wir«. Damit dieses integrative Spiel überhaupt zustande kommt, muß der Therapeut vorerst nicht von ästhetischen Gesichtspunkten geleitet werden. Er muß ein überlautes Spiel bei einem oder mehreren dulden, Ungeschicklichkeiten oder Frustration bei den Scheuen gleicherweise übersehen, d. h. wohl sehen, aber nicht kommentieren. Er muß

den *energetischen* Impuls fördern oder zügeln. Es bleibt seinem Geschick überlassen, dies so zu tun, daß es der Einzelne unbewußt aufnimmt.

Zu dieser musikalischen Integration im rhythmisch-klanglichen Zusammenspiel kommt nun als sekundäre und wichtige die soziale Integration. Sie wird zum Teil in der primären, musikalischen Integration vorbereitet; im Einzelteil, dem spontanen Beitrag der Einzelnen, aber besonders bewirkt. Ein Einzelner spielt, im sogenannten B-Teil, dabei gestaltet er unbewußt nach dem verbindlichen Tuttiteil seinen Beitrag. Er selbst soll entscheiden: Er wird nicht in eine rhythmische Länge oder in bestimmte Töne gezwungen. Natürlich in vorbereitetem Material, jeder kreative Akt braucht Einengung, damit nicht die Wahl die ganze Kraft verbraucht. Dieses freie Spiel bedeutet für den Einzelnen, sich nach dem Ganzen zu richten. Es bedeutet für die Gruppe, den Einzelbeitrag auszuhalten, zu tolerieren, anzunehmen. Gradweise kann hier soziales Verständnis entwickelt werden. Dem Einen fällt dies schwerer, dem Anderen leichter. Jedes Aufmerksammachen, jeder Kommentar würde das unbewußte Aufnehmen einer solchen Situation vorerst stören.

2. In der Imitation wird ähnlich unbewußt aufgenommen. Man beobachtet zum Beispiel eine gestische Bewegung und macht sie nach. Einer steht allein, die Gruppe ihm gegenüber. Die Gruppe imitiert im Spiegel, seitengerecht. Eine gestische Imitation geschieht still, man ordnet sich der fremden Bewegung unter, man erfüllt sie an sich. »Fremdseelische Eigenheit« wird aufgenommen* – ein enorm wichtiges soziales Moment – man gleicht sich an. Der eigene Beitrag wird ganz das eigene Wesen zeigen, auch er wird aufgenommen, angenommen. Der Therapeut sollte beginnen, er sollte zusehen, daß das Ganze in Stille geschieht. Auch witzige, komische Bewegungen sollten nicht laut lachend, sondern mit stillem Einverständnis quittiert werden. Auf einen organischen Ablauf von Bewegungsfolgen sollte geachtet werden.

Bei einer Imitation mit einem Instrument kann eine akustische Imitation eine nur optische und damit stille ablösen, oder auch umgekehrt. (Auch hier geht es nicht um eine korrekte, ganz genaue

* Nitschke, A.: *Das verwaiste Kind der Natur*, Max Niemeyer Verlag, Tübingen 1967.

rhythmisch-melodische Imitation vorerst, also nicht um die primäre musikalische.) Ein einziger Trommelschlag zum Beispiel in einer stillen optischen Imitation hat eine enorme Wirkungskraft. All dies soll unbewußt aufgenommen und verarbeitet werden. Es bildet sich ein soziales Klima. Jede Familie hat ein ihr zugehöriges Klima, in dem ein Kind aufwächst und einen eigenen Nährboden, der auf das Kind einwirkt und es mitformt, in günstiger oder ungünstiger Art. Eine Therapiestunde in der Gruppe schafft ein spezifisches Klima, dieses wirkt auf das Kind ein. Bemerkungen und Kommentare sollen diesem Klima förderlich sein, ungeschicktes Reden zerstört und zerreißt es.

Diese beiden Beispiele von Formen sollen zeigen, wie eng musikalische Betätigung mit sozialer Einübung einhergehen kann. Das Ergebnis mag sogar im Ästhetischen befriedigen, der Ausgangspunkt ist aber ein ganz anderer.

So verschieden eine verhaltensgestörte Gruppe sein kann, ihre Probleme sind ähnlich. Als Therapeut muß man jedem Glied dieser Gruppe seine spezifische Eigenheit erlauben und diese Eigenheit stabilisieren. Man soll aus einem Lebhaften keinen Braven und aus einem Scheuen keinen Frechen machen. Jeder soll nach seinem Maß gemessen werden und dahingehend geleitet werden, mit anderen in seiner Art zu bestehen, aber auch andere zu verstehen.

Kinder, die soweit verhaltensgestört sind, daß sie andere Kinder nicht ertragen und sie angreifen – aus Übersensibilität, aus Eifersucht, was immer die Gründe seien – wird man einzeltherapieren. Die Aggressionen, die Schimpfwörter, das tätliche Angreifen hat ein Kind aus seiner Umgebung erworben, direkt, indem es solches sieht und hört, indirekt, zur Verteidigung seiner Person.

Eine neue Umgebung, ein neues Klima kann von sich aus schon helfen. Kommen dazu Hilfen, wie sie unsere Instrumente darstellen, kann in den meisten Fällen geholfen werden. Das Instrument hat hier mehrere Funktionen:

1. Es hat eine distanzierende Funktion, es steht zwischen Therapeut und Kind
2. Es hat eine kommunizierende Funktion, es ist eine Verständnisbasis nonverbaler Art
3. Es hat eine integrative Funktion, es bindet Therapeut und Kind.

Meiner Erfahrung nach ist es günstig, wenn eine solche Einzeltherapie von zwei, sogar drei Therapeuten gleichzeitig ausgeführt wird. Dabei übernimmt ein Therapeut die Führung, d. h. er wird das Geschehen dahin oder dorthin leiten, die anderen sind kooperativ, bieten dem Kind Hilfestellung in der indizierten Weise, oder helfen einfach dazu, daß ein Gruppengeschehen zustande kommt. Das Kind fühlt sich freier, nicht so beachtet, wie in einer eins-zu-eins-Situation. Für den Therapeuten ist es insofern gut, daß er zusammen mit seinen Kollegen über das Kind sprechen kann, daß die Beobachtung des Kindes mehreren Augen und Ohren obliegt.

Wenn die Verhaltensstörung von einer starken hirnorganischen Schädigung herrührt, oder bedingt ist durch frühkindliche Schizophrenie, ist oft vorerst eine aktive Musiktherapie, selbst in weitestem Sinne, nicht durchführbar, beziehungsweise unwirksam. Wenn z. B. ein Kind ohne Gefühl für seine Umgebung ist, keinen Gegenstand behandeln kann, sich auf ein Instrument wirft, es besteigt, es akustisch überhaupt nicht aufnimmt, müßte eine Vortherapie einsetzen. Beruhigungen durch Einwirkung von dunklem Licht, Farben, von Wasser, wenn es ertragen wird, auch von Luft, Duft, weichem Stoff vielleicht. Auch rezeptive Musik könnte einen »Einfluß« nehmen. Wenn die EEG-Ableitungen die Wirkung solcher Behandlung kontrollierten, könnte vielleicht ein Einstiegsweg gefunden werden. Je schwerer ein Fall, desto individueller ist er, man muß hier von Fall zu Fall mit besonderem persönlichem Einsatz erspüren, wo ein positiver Zugang, wo Interesse, vielleicht Faszination zu erreichen ist. Wenn das Kind musikalisch begabt ist – und es gibt hier ja Unterschiede – ist der Zugang leichter.

Beispiele der Einzeltherapie

Ein siebenjähriger Junge, nicht tragbar in einer schulischen Gemeinschaft, kam in die Musiktherapie. Leichte hirnorganische Schädigung plus häuslichem Milieu haben aus ihm einen aggressiven Jungen gemacht, der andere ans Schienbein tritt, sie hinschmeißt, seine Spielsachen kaputtmacht, laut brüllt, mit Schimpfworten um sich wirft, usw.

Beim erstenmal stürzt er in den Raum, auf die Pauke zu und spielt sie sofort laut. Er fragt: »Darf ich so laut spielen wie ich will?« »Ja«. »Und wenn sie kaputtgeht?« Während der ziemlich lauten Schläge wünscht der Therapeut nur, daß sie nicht kaputtgehe. Nicht wegen des Schadens an sich, sondern daß der Kraftprobe des Buben ein Widerstand gesetzt sei. Es ist dem Therapeuten auch bewußt, daß für solche Kraftproben andere Dinge vielleicht besser wären und er wünscht, daß sein Traum von einer idealen Therapiestätte schon verwirklicht wäre: ein großer Mittelraum, mit verschiedenen Nebenräumen, einer mit Malgeräten, einer mit festen, harten Dingen, einer mit Wasser, verschiedenen Spritzen, einer mit gedämpftem Licht und Liegekissen ... Aber noch muß er sich behelfen – er bemerkt, daß W. bereits gute Rhythmen anbietet, links einen Schlag, rechts zwei, dies für längere Zeit gleichmäßig, dann kommt er in einen regelmäßigen Rhythmus

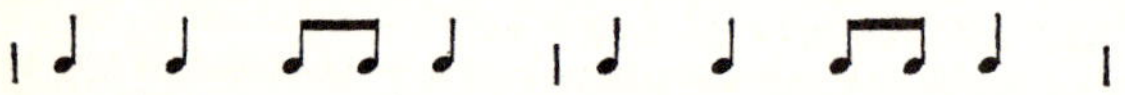

Der Junge entdeckt das Baßxylophon, »geht es kaputt?« Er probiert auch das zur Auswahl stehende Sopranxylophon, kurzatmig ist er an allen Instrumenten, aufgeregt, keine Aufforderung wird befolgt, sein nervöses, hektisches Verhalten läßt ihn nicht zuhören. Er holt sich mehrere Instrumente um sich und relativ geschickt behandelt er sie wie ein Schlagwerkspieler. Er glüht, er sagt: »das klingt voll, laut!« Kaputt ist im Moment nicht im Gespräch. So endet die erste Stunde.

In den folgenden Stunden exploriert er mit dem, was er sieht. Er fragt »darf ich das?«, er nimmt einen Reifen von der Wand, alles behandelt er nicht ungeschickt, doch mit nur kurzer Konzentration. Bereits in der zweiten Stunde wünscht er ein Zusammenspiel, er nimmt die kleinen Becken, die Therapeuten Flöte und Bongotrommel. Improvisierend wird gespielt. Er räumt dann die Stäbe aus dem Baßxylophon heraus und befolgt dabei die Aufforderung, es mit beiden Händen zu tun. Er spielt darauf innen im Resonanzkasten. Er möchte auch die Pauke auseinanderschrauben. Wieder denkt der Therapeut an seinen Idealraum mit einer Instrumentenwerkstatt. Man kann ihn dann mit der Bongotrommel etwas überzeugen, daß innen »nichts« sei, daß man diesen leeren Raum brauche, um den Ton zu erzeugen. Bis jetzt war der Junge tadellos, interessiert, allerdings auch am Destruktiven, d. h. um damit den technischen Aufbau einer Konstruktion zu erfahren. Er kommt sehr gern und wünscht sich, länger zu bleiben.

Aus seinen stereotypen Reden vom Kaputtgehen entwickelt sich folgendes Spiel: seine (roten) Klöppel sagen: »Das Instrument geht kaputt«, die Klöppel spielen die Wortphrase mit und werden lauter, sie crescendieren. Bald wechselt er in die Worte: »Ich mache alles kaputt«. Die (blauen) Klöppel des einen Therapeuten fragen: »Warum«, die weißen des anderen »ich mach es wieder ganz«. Bei seinem heftigen Spiel fällt ein Stab heraus, er läßt zu, daß ich ihn wieder einordne. Er ist dann am Zusammenspiel interessiert, später horcht er länger auf einen Zimbelklang und wird ruhiger.

In einer späteren Stunde sprechen wieder die Klöppel »ich mache alles kaputt«. Der Therapeut versucht diesen stereotypen Satz durch rhythmische Veränderung ins Spielerische zu lenken:

Er geht darauf ein.

Doch es kam noch anders. Als in der nächsten Stunde sein Anliegen »ich mache es kaputt« wieder kam, strukturierte es der Therapeut nicht mehr um, die blauen und die weißen Klöppel schwiegen. Er ließ dem Kind seinen Lauf. Der Junge ging direkt auf die Zerstörung zu. Er nahm die Stäbe des Baßxylophons heraus und warf sie auf den Boden. Der Therapeut sprach von »Salat«, was ihn ungemein belustigte. Der Therapeut brachte einen großen festen Papierbogen, den er zerreißen konnte. Über eine umgedrehte Trommel gespannt, schlug der Bub darauf, so lange bis das Papier kaputt war. Doch diese Ablenkung war ihm nicht genug. Er warf nun die Stäbe von zwei weiteren Xylophonen durcheinander, trat mit dem Fuß darauf. Die Situation wurde gefährlich. Die Stäbe durchs Fenster zu werfen wurde verboten. Das Wort »Instrumentensalat« nahm ihn etwas zurück. Als der zweite Therapeut sagte, du könntest den Salat in eine Schüssel geben, war er eigentlich froh um diesen Ausweg. Die Schüssel, das war der Resonanzkasten, und irgendwie wurden die Stäbe hineingegeben. Damit war die Stunde zu Ende und er ging befriedigt hinaus.

Am nächsten Tag befolgte er alle spielgerechten Aufforderungen willig. Er nahm sie als Hilfe. Am Instrument sagten seine Klöppel wieder: »Ich machs jetzt kaputt«. Die weißen Klöppel sagen: »Jetzt nicht, nicht jetzt!« Er geht auf dieses Spiel ein. Als er wieder ausräumen will, wird ihm erklärt, wie lange wir gestern gebraucht hätten, es wieder einzuräumen. Er hat dafür Verständnis.

Es ergab sich ein Spiel mit Blitz und Donner und Regen. Er gibt dabei die Reihenfolge an, er bestimmt die Instrumente »das ist der Blitz«. Da er den leeren Resonanzkasten kennt und er ihm gut erscheint für einen Donnerklang sagt er: »Nehmen wir die Klänge heraus?!« »Natürlich«! Er machte einen guten Donner im Resonanzkasten. Seine nervösen Zuckungen, die er immer bei Beginn einer Aktivität hat, haben wir heute nicht bemerkt.

In der nächsten Stunde nimmt er den Reifen, läßt ihn auslaufen und tritt darauf, nicht aggressiv, sondern um seine Geschicklichkeit zu prüfen. Es wird eine Bewegungsstunde daraus, es wird gesprungen, von den weißen Teppichflecken zu weiß, von rot zu rot, verschiedene Anweisungen vom Material her ergeben sich. Der Junge, der sonst immer sagte, ich mache alles kaputt, springt über die Instrumente und wenn ihm eines zu hoch erscheint, springt er nebendran vorbei, um es nicht zu stoßen. So geschickt seine Hände waren, so ungeschickt sind seine Beine. Hier wäre bewegungsmäßig noch viel zu arbeiten.

Die Zeit seines Aufenthaltes war abgelaufen. Er hat in der Musiktherapie kein einziges Mal ein Schimpfwort gesagt, nie geschrien aus Zorn, sein anfänglich ganz egozentrisches Verhalten entwickelte sich zu einem guten Sozialverhalten. Er beachtete Spielregeln und gab Spielregeln, an die er sich selbst auch hielt. Nach dem Durchbruch des Zerstörendürfens wurde sein Wesen ruhiger und kooperativer.

Es gibt Kinder, die einen besonders ansprechen. Obwohl der Therapeut in der Lage sein sollte, jedem Kind unauffällig ein gutes Maß von Zuneigung entgegenzubringen, so gibt es doch einzelne, die ihn besonders bewegen. Es sind nicht die Kinder, die gleich auf einen zugehen, oft sind es diejenigen, zu denen man anfänglich schwer Zugang bekommt.

Ein solcher war Ralph, siebenjährig. Ein schöner Bub, wohlgestaltet, mit gesenktem Kopf betrat er traumwandlerisch den Raum. Er ging auf die vorbereitete Pauke zu. Er schaute in das Rund der Pauke: Der Therapeut sagte kommentierend: »Das ist wie ein Spiegel«, er antwortete: »Ja, aber man kann sich nicht sehen«. Langsam, aber sehr schön sagte er das. Für das erste und einzige Mal sagte er: »Ich bin Bambi«. Als der Therapeut darauf sich und den zweiten Therapeuten mit Namen vorstellte und den Namen des Kindes aussprach, fiel er nie mehr in Pseudonamen zurück. Die Instrumentennamen gefielen ihm, bedeutend sprach er sie aus. Blickkontakt, den er selbst suchte, gewährte er nur schielend. Am Metallophon sitzend wünschte er sich ein Lied vom »Martin«, später, es war nicht die Weihnachtszeit »Ihr Kinderlein kommet«. (Bemerkenswert ist dabei, daß er zum Psychologen kurz vorher mehrfach gesagt hatte: »Alle Kinder sollen tot sein.«) Er wünschte sich »nochmal spielen« und spielte mit. Auf die Frage, wer anfangen soll, gab er die Verteilung. Er entspannte sich, man spürte seine innere Freude. Als er sich zu sehr mit seiner Trommel identifizierte, versuchte der Therapeut, ihn in einen Bezug zur Realität zu bekommen. Mit Worten wie ›eins, zwei, drei, vier, wir sind bei dir‹ und anderen situationsbezogenen holte man ihn zurück. Solche schnell eingeworfenen Worte haben aus dem Augenblick heraus eine gute Wirkung: Man riß den Jungen nicht aus seinem Spiel, machte das Spiel aber partnerbezogen.

In den weiteren Stunden fiel seine Sensibilität auf, er erinnerte sich und wollte Wiederholungen. Im Zusammenspiel reagierte er, anfänglich diente ihm die Stimulation der Therapeuten dazu, sich einzuspinnen. Nun hörte er mit ihnen auf, er wurde lauter, leiser, schneller, langsamer. Er kommentierte mit einer auffallend schönen Sprache.

Die Akten, die jetzt erst eingesehen werden können, sprechen von einer schweren Verhaltensstörung, hirnorganisch bedingt, mit massiven Aggressionen, von einer mentalen Retardierung und von Sprachstörungen.

Ein gutes Kontaktinstrument war dann die Gitarre. Der Spieler selbst greift die Akkorde, das Kind streicht die Saiten. Es wurden verschiedene Akkordverbindungen gespielt. Das Kind identifizierte sich mit dem Klang und schlüpfte quasi wieder in ihn hinein. Der Therapeut bestimmte deshalb die Klänge: ›Das ist mein Klang, das ist dein Klang, das ist sein Klang‹. Nicht sofort, aber bald konnte er die verschiedenen Klänge oder wollte er die verschiedenen Klänge unterscheiden. Als mein Klang kam, schaute er mich tief an und sagte: »Dein Klang«. Als der Spieler, um der Sache Witz zu geben, die leeren Saiten anspielen ließ, schaute Ralph auf. Wir begannen das Spiel: bei solch leerem Saitenklang klopft man an den Resonanzkasten und sagt: »Klanggitarre, bitte!« Und sie gab wieder die drei verschiedenen Klänge, er benannte sie und dies entwickelte unauffällig eine gute soziale Beziehung zwischen uns. Immer spielgebundener sagte er das »Klanggitarre, bitte« mit seiner sonoren, schönen Stimme.

In der Folge wünschte er sich Lieder, Fahrtenlieder, die er von Platten kannte. Er gab uns den Titel an. Leider waren wir Therapeuten nicht firm im Text, aber noch half er uns nicht, dabei bin ich sicher, daß er ihn wußte. In einer späteren Stunde sang er mehrere Lieder, relativ laut, aber doch intim, mit tadellosem Text. Er wiederholte sie aber nicht. Für ihn war vorher der richtige Augenblick zu singen gegeben, zweimal wollte er nicht das gleiche. Noch ging er auf kein von uns angebotenes Lied ein. Doch: Runda, Runda, Runda, Rundadinella, textlos mit Ausnahme der Lautsilben, gefiel ihm. Dies wollte er von nun an immer wieder hören, und sang es dann mit. Er dichtete sich seinen Text:

Runda, Runda, Runda,
der helle Tag ist da.

Dies war bemerkenswert bei dem verschlossenen, überschatteten Jungen. Später kam alternativ, als zweite Zeile,

Runda, Runda, Runda,
die dunkle Nacht ist da.

Er sang es wiederholt und begleitete sich mit den kleinen Zimbeln, die er nach Schluß der Stunde mitnahm. Es war ein Freitag.

Zur nächsten Stunde am Montag – er war in einer stationären fünfwöchigen Behandlung, wobei die Verhaltenstherapie sich mit ihm eingehend versuchte – kam er mit den beiden Zimbeln in der Hand, als wäre er eben hinausgegangen. Er wollte das »Runda«. Damit dies nicht zu stereotyp wurde, versuchte man ihn mit Instrumentalspiel zu interessieren. Er fragte unvermittelt: »Was ist ein Instrument?« Man erklärte, er sprach es nach. Er war besonders beeindruckt von der Resonanz und was eine Resonanz bewirkt. Als der Therapeut unbekümmert sagte: »Der liebe Gummi ist uns nützlich« (er dient als Unterlage für die aufgelegten Holzstäbe und ist auf den Resonanzkasten gespannt), fragte er unvermittelt: »Warum sagst du lieb?« Es lag nun an dem Therapeuten, dies zu erklären und seine Redeweise fortan noch mehr zu kontrollieren. Kothurnsätze aus Dichtungen oder improvisierte – ich meine damit eine betonte, nicht unbedingt affektive Rede – wurden in den Raum gesprochen, der eine gute Resonanz hatte, sie wurden abgewechselt mit schneller, nur ebenso hingesprochener situationsbezogener Rede. Dies wurde um des Kontrastes willen getan, damit der Bezug zur Realität nicht verlorenging. Es war wie bei einer Schauspielprobe, wo die Anweisungen des Regisseurs den Fluß unterbrechen. Er ging gut darauf ein.

Immer mehr kam er in eine Dialogbeziehung zu den Therapeuten, er spann sich nicht ein, er war partnerbezogen, nahm Anweisungen an und gab uns welche.

Als dieses Kind wieder abreiste, war es für den Therapeuten wie der Abschied eines Freundes. Er war zehn Stunden in der Musiktherapie gewesen. Sie waren für ihn, wie für die Therapeuten, harmonisch, sie bedeuteten ein konstruktives Moment für den Buben. Der in der Diagnose beschriebene Junge – verhaltensgestört, aggressiv, sprachgestört – war nicht in Erscheinung getreten.

Autismus

Autismus äußert sich durch Verhaltensstörungen. Es ist eine Störung in der allgemeinen Haltung der Umwelt gegenüber, im Gleichgewicht von innen und außen, eine Störung des Austausches, der Projektion von innen nach außen und von außen nach innen, des Prozesses des Für- und Gegeneinander, des Aufnehmens und Hergebens. Der Autist ist isoliert durch die Unfähigkeit zu kommunikativer Beziehung. Sie kann verschiedene Ursachen haben und verschiedene Gradstärken. Der Autismus ist zum Teil genetisch erworben, zum Teil Folge einer hirnorganischen Funktionsstörung, zum Teil Folge einer unangemessenen Umwelt.

Dem Autisten ist der Zugang zur organischen Mobilität verstellt, er hat kein Interesse am Material, d. h. an der Exploration mit einem Material. Ihm ist ein Ding ein Ding, das er stereotyp, funktionslos dreht, oder mit dem er funktionslos klopft. Er bevorzugt kleine, oft durchsichtige Dinge. Rhythmisches Klopfen ist ein Tun mit Funktion, gestaltend, innerhalb einer rhythmischen Vorstellung oder eines rhythmischen Ablaufes. Der Autist klopft unexplorativ, unanimiert, eben stereotyp. Er hat keinen Sinn, oder ihm fehlt der Sinn zu etwas hin, zu einer Veränderung, zu einer Gestaltung. Er hat Angst vor jeder Veränderung. Er möchte bleiben wo er ist, er möchte nichts anfangen, nichts anfassen, er möchte quasi in der Mitte eines Zustandes bleiben, ohne Anfang und Ende. Er verharrt in sich, lehnt Kontakt ab, er hat keinen Bezug zur Person und zum Objekt. Seine Perzeption scheint nicht vorhanden. Man beobachtet aber oft, daß der Autist doch perzeptiert, doch wahrnimmt, und zwar sehr sensitiv und sehr detailliert, daß er aber ganz schnell seine »Kontaktlinse« wieder schließt, damit er ja nicht reagieren muß, er tut, als habe er nichts gesehen, gehört, nichts verstanden. Wenn diese Haltung lange geübt ist, wird sie zu einem Zustand, aus dem der Autist, das Kind mit autistischen Zügen, nicht mehr herausfindet. Je älter das Kind ist, das autistisches Verhalten an den Tag legt, desto verhärteter und ungeübter ist seine Reaktionsmöglichkeit.

Die Behandlung, die ein autistisches Kind von seiner Umwelt erfährt, entspricht oft seinem Verhalten. Man hört auf, mit ihm zu sprechen, man hört auf, ihm Angebote zu machen, da es ja nicht reagiert. Die Folge ist eine Verstärkung seines Verhaltens, es wird keine Sprache entwickelt, obwohl Sprech- und Sprachverständnis vorhanden ist. Durch seine unreaktive Haltung und durch das daraus resultierende Nachlassen des Angebots von seiner Umgebung her, erwirbt der Autist nicht die notwendige Bildung seiner unter Umständen normalen Anlagen. Es ist ein *circulus vitiosus.* Er wird als geistig behindert bezeichnet, aus seinem Verhalten heraus, ist es aber nicht. Er lebt wie hinter Glasscheiben, er tarnt sich, schützt sich, nimmt aber doch wahr, um sofort wieder abzuwehren. Man unterscheidet schwerere und leichtere Fälle, man spricht bei den leichteren von autistischen Zügen. Das Auftreten autistischer Züge häuft sich um das dritte und sechste Lebensjahr, im dritten Jahr, wenn das Kind sich selbst begreift und seinen Willen gegen die Umwelt, hier unaktiv, setzt; mit sechs Jahren, wenn die Schule eine Anforderung an ihn stellt, der er nicht gewachsen ist oder wenn er nicht gewillt ist, diese zu akzeptieren. Er ist überfordert, durch das, was man von ihm verlangt. Sehr oft fordert die Familie zu früh und zu viel von ihrem gut begabten Kind, das autistische Verhalten ist dann eine Abwehr, ein Appell an die Umwelt, eine Schutzphobie – er reagiert nicht mehr.

In dieses verschlüsselte Wesen, unaufgeschlossen und versperrt, versuchen wir einzudringen. Mit dem unrechten Schlüssel aufsperren zu wollen, verstärkt den Widerstand. Obwohl Autisten sich oft gleich verhalten und dadurch als solche erkannt werden, ist nicht gesagt, daß sie aus gleichen Ursachen oder aus einer gleichen Grundhaltung oder Veranlagung sich so verhalten – so gibt es auch nicht den gleichen Schlüssel für alle. Hat man einmal einen gefunden, kann man ihn nicht multiplizieren. Der Autist verlangt die individuellste Behandlung. Daher ist er wissenschaftlich wohl am wenigsten zu erfassen. Wenn wir eindringen wollen und Reaktionen bewirken wollen, müssen wir uns ganz nah zu diesem Wesen begeben, eigentlich das gleiche tun, wie es selbst. Was tut es?

Ich sah einen Jungen, um diese Zeit schwerstens geistig und seelisch gestört, ohne Sprache und wohl auch ohne Sprachverständnis, zehn Jahre alt. Seine Umgebung hat es bewirkt, sagt man. Es läßt sich nicht beweisen, ob nicht Anlagen zu geistiger Behinderung da waren, aber man weiß bei ihm, daß er von klein an von seinen Eltern abgelehnt wurde, denen er nicht entsprach und aus dieser Haltung immer weniger entsprechen konnte. Wenn kein Angebot gegeben wird, gibt es keine Reaktion, die Entwicklung verkümmert. In dem Heim, in dem er jetzt aufbewahrt wird, lebt er mit wirklich geistig Behinderten schwerster Art in einem Raum. Ständig schreit einer aus irgendeiner Not. Wenn man den Raum betritt, hat man nur den einen Wunsch, ihn so schnell wie möglich wieder zu verlassen. Der Junge, von dem ich sprechen will, stand an einer Stange – die dahinterliegende Spiegelwand erinnerte an einen Ballettsaal – und bewegte seinen Oberkörper stereotyp vor und zurück. Ob er sich in dem Spiegel sah? Der Junge hatte halbseitig seine Haare herausgerissen, was einen schrecklichen Anblick bot. Er war sonst hübsch, besonders auf der Seite mit seinen blonden Haaren. Er wippte hin und her, und ich ging hin und machte an der gleichen Stange ihm gegenüber seine Bewegungen ohne ihn anzuschauen. Ich suchte nicht seinen Blickkontakt. Er wurde aufmerksam auf das, was ich tat, und hörte auf. Ich hörte auch auf. Er begann wieder, ebenso ich. Dies setzte sich ungefähr zehn Minuten fort. Danach hörte er auf und stellte sich in eine Ecke. Ich ging zu ihm, unaufdringlich, und wir bekamen hier einen Bewegungskontakt. Der Junge sprang dann mit einem kleinen Sprung in die Höhe, ich machte das gleiche. Allmählich löste sich sein Gesicht und er freute sich. Fast eine halbe Stunde war vergangen, man kann sagen, in einer kommunikativen Beziehung. Als er merkte, daß ich wieder ging, wurde sein Gesicht traurig. Der Kontakt auf seiner Ebene, das Tun mit jemand hatte ihn froh gemacht, das Ende dieser Begegnung traurig. Er hat die beiden Grundemotionen empfunden und gezeigt, daß er sie empfindet.

Im Beobachten kleinster Hinweise und mit der Bereitschaft, sich führen zu lassen, kann der Therapeut vielleicht zum innersten verschlüsselten Tor gelangen, oft nach einem langen Weg dorthin, wo das Kind selbst seinen Schlüssel verloren hat. Wir kommen mit dem Kind tiefer in seine Welt und können es dann aus ihr mitherausnehmen.

Was kann die Musik bewirken? Vorerst einmal ganz wenig, denn der Autist lehnt oft jeglichen Klang ab, er ist ihm fremd, er verändert ihn nicht. Auch eine sinnöffnende taktile Bewegung ist ihm fremd, sein stereotypes Klopfen wird mit der Handaußenseite betätigt, abwehrend. Gelingt es, diese Bewegung umzudrehen, so daß er etwas mit der Handinnenfläche berührt, und sei es nur einmal abschließend, hat man viel gewonnen. Bei dem oben beschriebenen Jungen könnte man die Bewegung des Schaukelns und des Springens miteinander in Bezug bringen und durch Abwechseln gegeneinander in eine Form. Man hat dann die stereotype Form der Bewegung unterbrochen und durch das Annehmen der zweiten Bewegungsform bereits der Objektbegegnung einen Weg gebahnt. Jedes Hinwenden zu etwas, und sei es nur zu einer Bewegung, ist bereits Objekterfahrung oder Objektanbahnung. Die Vorsilbe ›ob‹ bedeutet im lateinischen: ›hin, zu‹, auch ›um etwas willen‹. Sie ist somit Vorstufe zum *contra,* was bewußt entgegensetzen heißt, was man aber nur kann, wenn man eine eigene Position bezogen hat. Der Autist aber stellt sich einem contra nicht, er bleibt neutral.

Der oben beschriebene Bub ist ein Fall schwerster autistischer

Schädigung, bei dem nun die Jahre von Inaktivität und nicht verarbeiteter Umweltangebote auf ihm lasten. Mit viel geduldiger Zuwendung könnte ein menschlicherer Zustand erreicht werden. Der Zeitschutt hat unter Umständen das Keimende in diesem Kind schon erdrückt, es ist erstickt unter dieser Zeitlast.

Je früher man mit geduldiger Zuwendung versucht, zur autistischen Seele vorzudringen, um so eher wird das Vorhaben gelingen. Kleinste Hinweise sollten einen führen. Autisten spinnen gern einen Faden, im eigentlichen Wortsinn. Es kommt dies ihrer Sensibilität entgegen, ein Faden ist möglichst unmateriell, er ist an der Grenze des Sichtbaren. Ein Nylonfaden brachte einen Buben in einen Kontakt mit einer Gruppe.

Er hatte ihn aus einem Nylonteppich gezogen. Alle anderen, es waren sechs Kinder im Alter von 5–6 Jahren, waren in einem Geschehen gebunden. Christof zog den Faden und betrachtete ihn. In den vorhergehenden Stunden hielt er sich immer abseits und beschäftigte sich mit sich selbst. Es konnte aber passieren, daß er in seinem Zimmer Aktivitäten wiederholte, die er unten gesehen hatte. Er war klug, stellte Fragen, aber oft abwegige. Als er den Faden betrachtete, bat ich ihn um das andere Ende des Fadens. Er gab ihn mir. Wir standen im Kreis, ich gab diesen Faden vorsichtig einem Kind weiter und stimulierte, daß er nun von Kind zu Kind weitergegeben werden sollte ..., »und jetzt dem Martin« ..., »und jetzt der Petra«. Die ganze Verbindung hing an einem Faden. Die übrigen Kinder konnten von dem Außerordentlichen, das da passierte, etwas spüren, sie kannten Christof als einen Jungen, der nie mitmachte. Von da ab war Christof kooperativ, wenn auch mit kleinen Beiträgen. Er, der von sich sagte, »ich bin die Katze« und nicht ertrug, daß man ihn bei seinem Namen nannte, sagte nach ein paar Wochen »ich«. Er duldete Spiele, in denen alle anderen Kinder auch Tiere waren – ich nahm ihm seine Sonderstellung damit – und ertrug, daß ich ihn Christof nannte. In der Übergangszeit, in der Ablösung von der Katze, war er irgend etwas, das ihm Eindruck machte, so zum Beispiel eine Gondel. »Ich bin die Gondel«, sagte er, da er sonntags mit einer solchen auf einen Berg gefahren war. Er war nicht sehr musikalisch, Musik interessierte ihn kaum. Aber wenn man Themen mit technischen Begriffen in die Stunde brachte, wie Elektrizität – auch wieder etwas nicht Körperliches, war er hoch interessiert. Ich brachte ihn damit dazu, daß er den anderen Kindern die Hände gab, wir formten einen Kreis und schickten Strom durch unsere Hände. Wir gaben rhythmische Impulse, die weitergeschickt wurden, wir machten »Hochspannung« oder »Tiefspannung«. Er blieb ganz aktiv mit uns.

Indem wir ihn und sein eigenartiges Verhalten beobachteten und einbezogen, gab er gradweise sein autistisches Verhalten preis und öffnete sich. Er konnte dann in den Kindergarten aufgenommen werden und zeichnete nach Art der Kleeschen Strichzeichnungen technische Themen. Jetzt ist er in der Schule.

Wenn ihm die Musik auch vorerst nichts sagte – sie hielt die Gruppe und bot ihm dadurch Einstieg. *Musik*therapie muß sich in solchen Fällen als sekundäre Position begreifen, die primäre Position ist dann die soziale. Sie ist es sehr oft. Musik fördert wohl die soziale Anlage, aber wenn die nötige Reizschwelle für Musik unterschritten wird, bringt sie nichts zustande. Beim Autisten ist sie meist unterschritten.

6. Behandlungsvorschläge

Eine Therapiestunde ist nicht fünfzig oder dreißig Minuten lang, sondern sie ist eine Einheit von Zeit innerhalb einer Stunde von sechzig Minuten, solange wie Konzentration und Aufmerksamkeit erhalten werden können. Damit die Stunde gelingt, muß der Therapeut die Fäden in der Hand halten oder sie auch im rechten Augenblick loslassen.

Es können keine Garantien für eine Normstunde aufgestellt werden, es können aber Regeln gegeben werden, damit eine Stunde organisch abläuft und einen guten Abschluß hat. Es liegt an der Elastizität des Therapeuten, wenn eine Stunde gut gelingt.

Modellstunden können aufgestellt, bewährte Stunden aufgezeigt werden, wichtiger ist aber zu wissen, warum diese Stunden gelangen. Auch geht jeder Therapeut so individuell vor, daß für ihn und seine Stunden eigene Pläne gelten. Jeder Therapeut sollte wissen, wo seine Stärke liegt, wo sein Geheimnis liegt und wie er zum Material steht.

Kontaktaufnahme

Das therapeutische Ziel der ersten Stunde für Gruppen- oder Einzelstunden gleich:

1. Aufbau des Vertrauens zwischen Therapeut und Kind, in der Art der richtigen Kontaktaufnahme
2. Beobachtung der optischen, akustischen und sozialen Reaktion der Kinder
3. Aufstellen des individuellen Therapieplanes aus dieser Beobachtung mit einem optimalen Therapieziel
4. Aufbau der positiven Einstellung im Kind für seine eigene Therapie.

Zu 1.
Die erste Stunde ist eine sehr wichtige Stunde, hier werden die Weichen gestellt, hier wird bereits vieles entschieden. Nicht nur, ob das Kind gern wiederkommt, entscheidend ist, aus welchen Gründen das Kind gerne wiederkommt. Die erste Stunde kann ein Kind einen großen Schritt weiterbringen, es kann eine neue Stufe errei-

chen. Eine Stufe weiter, das bedeutet: einen anderen Ausblick, einen anderen Rundblick, Beziehungsänderung zu sich und zu den anderen. Die erste Stunde sollte ein Kind verändern.

Zu 2.
Das Geheimnis, ein Kind genau zu beobachten, ist sich leer zu machen, damit man das Kind in sich aufnehmen kann. Das Kind wird sich irgendwie äußern, irgendwie Stellung nehmen, reagieren, oder es wird von sich aus etwas Unvorhergesehenes tun. Wenn der Therapeut gewillt ist, das Kind anzunehmen, wird er auch jegliche Äußerung, jegliche Aktion des Kindes annehmen. Er wird die ihm ungewollte nicht zurückweisen, mag sie paradox sein aus Ungeschick oder als Herausforderung. Es ist damit etwas aufgeworfen, was Einblick in das Kind gibt. Es ist diagnostisch aufschlußreich.

Zu 3.
Diese Beobachtungen führen zu Therapieplänen. Wenn die erste Stunde eine Gruppenstunde ist, ist die Beobachtung erschwert, das Kind aber wird u. U. stimuliert, mehr von sich zu zeigen. Bei der Vielfalt der Behinderungsarten, die wir behandeln, werden die Äußerungen und Handlungen verschieden sein. Der Therapeut kann sein Gedächtnis in bezug auf Ereignisse schulen.

Zu 4.
Das Kind kann in einer Gruppenstunde Distanz zu sich selbst gewinnen, es steht nicht mehr allein, oder im Mittelpunkt, da sind andere und anderes. Dies kann eine angenehme, aber auch eine schmerzliche Erfahrung sein. Die Faszination durch das Geschehen wird ausgleichen, sie bewirkt die Kommunikation, die Faszination bindet die Einzelnen. Die Kontaktaufnahme wird nicht mit Worten oder äußerlichen Mitteln erreicht.

Die Verständigung geschieht von der ersten Stunde an in einer nonverbalen Art. Nichts wird erklärt, das Geschehen sollte sich selbst erklären. Es muß so verständlich sein und so aufgebaut sein, daß dies möglich ist. Das Kind kommt in die Stunde mit einer Erwartung, es erwartet den Therapeuten, vielleicht auch andere Kinder, das Geschehen und das Material. Die Erwartung ist ein Spannungsmoment. Wenn die Erwartung gemischt ist mit einer negativen Komponente, mit Angst, Unsicherheit, oder der Erfahrung nichtgelungener anderer Therapien, ist die erste Stunde von besonderer Wichtigkeit. In der ersten Stunde sollte ein positives Spannungsmoment aufgebaut werden. Die Spielstimmung sollte zu einem Zustand der Elevation führen, zu einem Gehobensein.

Ablauf der Stunde

Wenn die Kinder wiederkommen, erwartet sie der bekannte Raum, die anderen und bekanntes Material. Es liegt an der Vorbereitung des Therapeuten, diese bekannten Elemente mit neuen zu mischen. Wiederholungen sind notwendig und mindern keineswegs die Spannung. Der Aufbau einer Stunde soll also den Erwartungsmomenten gerecht werden in bezug auf Bekanntes und Neues.

Der Aufbau einer Stunde kann so sein:

1. Ritual, akustisch bewegungsmäßiger Art, zum Aufbau des Ambiente, des Klimas
2. Neues Element aus therapeutischer Sicht
3. Entwickeln der Situation durch das Annehmen der kreativen spontanen Beiträge seitens der Kinder. Daraus folgert ein normaler Höhepunkt, ein exzentrischer Höhepunkt oder das Nichterreichen einer Kulmination
4. evtl. Korrekturen, Verarbeiten von Ideen
5. organischer Abschluß

Bei allen fünf Punkten des Planes kann es zu einer Irritation kommen, positiver wie negativer Art. Sie ist einzurechnen und zu meistern. Die Irritation entsteht aus der Reizung, aus der Erregung, grundsätzlich aus dem Zustand der Stimulation. In welchen Grenzen sie gehalten wird, liegt am Therapeuten und am Zustand der Kinder. Die Elastizität eines Planes rechnet sie ein und nur mit einer gewissen Duldung und Verarbeitung dieser Irriatationsmomente können produktive Stunden entstehen. Nicht immer ist der Therapeut gleich gestimmt und in der Lage, der Irritation genügend Raum zu geben oder sie zu steuern.

Der Plan der folgenden Stunde wird ausgerichtet an der letztvergangenen. Die schriftliche Aufzeichnung nach der Stunde hält die wesentlichen Momente fest, die einzelnen Kinder werden in ihrem

Verhalten, ihren Kommentaren und Beiträgen genau beschrieben. Diese Beobachtung ergibt die Grundlage für den Plan der nächsten Stunde. Manchmal richtet er sich nur nach einem Kind aus, dem vordringlich geholfen werden muß. Im Idealfall werden die Kinder nie ganz aus dem Bewußtsein des Therapeuten entlassen – ein Gedanke hier und da während des Tages an Einzelne oder an eine Gruppe hilft, das Band während der Woche zu festigen.

Da es das Eigentliche der Musiktherapie ist, in einem kommunikativen, kreativen Klima zu wirken, besteht die Gefahr, daß dem Therapeuten das Geschehen aus der Hand gleitet. Dies ist, wenn es einmal geschieht, weiter nicht schlimm, es sollte aber nicht die Regel sein. Er muß Leitfäden in der Hand haben, um die Gruppe und das Geschehen wieder zu binden. Eine Abschwächung der Intensität ist ebenso unerwünscht wie ein Tumult (Überschäumen). Um den Zustand einer Gruppenstunde auf dem wohltuenden Niveau der Elevation zu halten, muß die Technik der Leitfäden beherrscht sein.

Leitfäden

1. Ostinates Moment
2. kontrastierendes Moment
3. Überraschungsmoment

Diese dynamischen Regler lösen die persönlich direktive Art ab und können nonverbal gegeben werden. Das Spielgeschehen leitet sich selbst jeweils durch die vom Therapeuten eingesetzten notwendigen Leitmomente. Diese können angenommen werden, solange überhaupt Spielwillen und Spielfähigkeit vorhanden sind. Die Leitfäden sind eine Provokation im Sinne des Spielflusses. Man muß als Therapeut genau spüren, wann dieses Spielkorrektiv notwendig ist und auch angenommen wird. Es kann möglich sein, daß ein momentanes Chaos notwendig ist und sich auch ausleben muß, bis ein Umschwung möglich ist. Man lernt hier nie aus.

Im Einzelnen: Mit einem *ostinaten Moment* hält man den Faden in der Hand. Es kann ein gesungener Vers sein, eine gesprochene Zeile, ein Rhythmus auf einem Instrument oder auch nur ein Klang. Wenn man eine Stunde gestaltet, sollte man das ostinate Moment miteinplanen. Auch ein Ort als ostinater Platz kann günstig sein – eine Pauke in der Mitte, als Sammelplatz und neuer Ausgangspunkt. Die Worte »Ich bin da, du bist da, wir sind alle wieder da« können, in einer Leiermelodik, gesungen ein ostinates Moment darstellen. Dazwischen sind individuelle Parts, die imitiert werden: »Wir machen alles, was die Petra macht«. – Die eingeworfene Aktion von Petra, mit oder ohne Instrument, kann sich in dreierlei Form manifestieren: in einer organisch-aktiven Weise, in einer exzentrisch-aktiven oder in einer unaktiven Weise. Der Therapeut hat es in der Hand, mit dem ostinaten Moment, in diesem Fall mit der Wiederholung von »Ich bin da, du bist da usw.«, vom Einzelnen wegzulenken zurück zu einem neutralen Ausgangspunkt.

Das beste ostinate Moment innerhalb eines Verses fand ich in einem französischen Comptine, es heißt

Toc toc toc
Il pleut sur la terre,
toc toc toc
il fait noir et clair,
toc toc toc
tu bats tes paupières,
toc toc toc
tu fais des éclairs,
toc toc toc
voici le tonnerre.

das ostinate Moment baut die Konzentration auf

Toc toc toc ist das *ostinate Moment,* die Zeilen dazwischen können ausgespielt werden, frei, der Donner am Schluß erlaubt eine Explosion von Krach, der mit dem *toc toc toc* organisch unterbrochen wird. Die Wiederholungen können verschieden interpretiert werden, hat man im ersten Fall die Verszeilen gestisch interpretiert, kann man im zweiten Fall ganz sachlich und rhythmisch weitersprechen. Man kann in einer 3. Variante das *toc toc toc* innerlich nur sprechen, in einer 4. Variante nur das *toc toc toc* laut sprechen, die Verszeilen aber innerlich mitsprechen. Mit dem ostinaten, zwingenden Moment hat man alles in der Hand. Weder im englischen noch im deutschen Versgut fand ich einen gleichwertigen Vers.

Mit dem *kontrastierenden Moment* hat man einen Wechsel in der Lautstärke, einen Wechsel der Zeitqualität, Klangunterschiede, Unterschiede von Einzel- oder Gruppenbeiträgen. Das kontrastierende Moment baut die Flexibilität auf, ist aber noch gebunden durch den Vergleich. Es tritt meist nicht überraschend auf, sondern im zyklischen Ablauf und festigt dadurch das Ordnungsgefühl.

Das *Überraschungsmoment* wird vom Therapeuten eingesetzt, um von einer abwegigen Aktivität abzulenken, zurück zum therapeutischen Geschehen. Es kann ein lautes oder leises Signal sein, ein optisches, ein gestisches. Es ist vom Therapeuten nicht vorzubereiten, wie das ostinate und das kontrastierende. Es erwächst aus der Situation. Es kann allerdings einen Überraschungseffekt innerhalb eines Spielgeschehens geben, das auch einem Kind übertragen wird. Es ist erwartet und hat dadurch einen hohen Spannungswert.

Der Außenseiter

Der Außenseiter, der zum Teil schon früher (s. Seite 68) beschrieben wurde, ist eine besondere Herausforderung an den Therapeuten. Er fordert seine Geduld, seine Flexibilität, seinen besonderen Einfall. Er kann Außenseiter sein aus Unterforderung oder aus Scheu und Ängstlichkeit. Es bleibt dem Einfall des Therapeuten überlassen, ihn zu gewinnen. Gerade die Kinder oder auch die Gruppe, wo er nicht ankommt und nichts erreicht, zwingen ihn, neue Ideen zu entwickeln, sich mehr zu sensibilisieren auf das Kind hin. Keinesfalls darf er dem Kind die Schuld zuschieben. *Er* ist ja Therapeut, *er* muß sich einstellen, *er* muß die richtige Spur finden. Ein Therapeut, der nicht ab und zu vor einer aussichtslosen Situation steht und dies zugibt, sich und anderen – natürlich nicht dem betreffenden Kind und der betreffenden Gruppe – hat nicht die Möglichkeit, sich weiterzuentwickeln und in neue Bezirke vorzudringen. Oft liegt es an seiner Haltung, an seiner erworbenen Sicherheit, die ihm den Weg verstellt. In der Therapie kann man nie ganz sicher sein, die Methode, die erworbenen Hilfsmittel sollten sich im optimalen Fall aus jeweils notwendigen Situationen ergeben haben. Man kann eine Methode nicht einfach übernehmen. Die Not, manchmal nichts zu wissen, gehört zum Therapieren, aus ihr heraus entwickelte Ideen sind besondere Schlüssel, die der ganzen Therapie dienen, sie können ›masterkeys‹ werden. Ein Therapeut, der, abgesehen von diesen notwendigen Notsituationen sagt, Therapie sei anstrengend, ist entweder überlastet (und das sollte er nicht sein), oder er beherrscht das Handwerk nicht oder er hat eine falsche Einstellung. Dies gilt zumindest für die pädiatrische Musiktherapie. Nach meiner Erfahrung wirkt die Orff-Musiktherapie auf alle, die mit ihr in Kontakt kommen, sei es als Therapeuten, als Praktikanten oder Hospitanten, sei es als Besucher, beglückend, oft ergreifend, oft erfrischend. Nur einmal in der Therapie gesehene Kinder »gehen einem nicht mehr aus dem Kopf«. Namen werden behalten, lange Gespräche weitab vom Therapieort über die Kinder sind möglich. Nur wenn der Therapeut auch von der Therapie gewinnt, beglückt ist, reicher wird, ist die Sache richtig und auszuhalten.

7. Einzeltherapie

Während man als Therapeut in die Gruppenstunde mit einem Plan kommt, der sich dann der Situation anpassen und in einem kommunikativ-kreativen Klima ablaufen soll, wird man in der Einzeltherapie sich mehr vom Kind stimulieren lassen.

Für die erste Stunde gelten die gleichen vier Punkte als therapeutisches Ziel:

Aufbau des Vertrauens
Beobachtung des Kindes
Aufstellen des individuellen Therapieplanes
Aufbau der postiven Einstellung im Kind.

Zuerst ist die Vertrauensbasis herzustellen, die Erwartung des Kindes kommt ihr entgegen, doch eine Einzeltherapie wird meist mit Kindern durchgeführt, die weder Erwartung noch eine Vorstellung davon haben können.

Indikationen

Einzeltherapie mit Musik ist angezeigt bei Kindern mit schweren autistischen Zügen, auch bei schweren erethischen Fällen, wo das Kind motorisch so unruhig ist, daß es anfänglich kaum zehn Sekunden bei einer Aktivität bleiben kann. Alles andere als das, was das Kind gerade tut, ist interessanter. Im Augenblick des Beginns wird es schon wieder uninteressant. Bei solch beträchtlicher Konzentrationsschwäche stört ein Kind jede Gruppe, und es muß versucht werden, die Konzentrationsspanne in einer Einzeltherapie, bei voller Aufmerksamkeit auf nur ein Kind, langsam zu vergrößern. Auch Kinder mit massiven aggressiven Zügen gegen andere und gegen sich selbst sollte man erst einzeln therapieren.

Beispiele

Ein Mädchen, das vier Jahre hospitalisiert war wegen einer Lungenkrankheit, hatte von diesem Aufenthalt einen schweren Deprivationsschaden bekommen. Es fällt schwer, solch ein Kind nicht als geistig behindert anzusehen. Die Sprache bei der jetzt Sechsjährigen ist bis auf Ein- und Zweiwortsätze nicht ausgebildet. Das Kind, das viel liegen mußte, hat einen so unbändigen Bewegungsdrang, daß man diesem kaum stattgeben kann. In erethischer Unruhe verbringt es den Tag. Sobald sie kann, hängt sie sich in die Haare ihres Gegenüber.

Der Therapeut suchte hier Bewegungsabläufe mit Kontrast, zum Teil mit einem gegenseitigen Handgeben, der Bewegungsablauf wurde mit Sprache unterlegt, dann dieser, im ruhigen Stehen nochmals in seinem Ablauf klatschend nachgezeichnet. Bälle wurden getragen, ausgetauscht, gegenseitig angeklopft. Akustisch-Instrumentales verstärkte die Unruhe und wurde überhaupt nicht ertragen, leichtes Singen dagegen und Klatschen, das Ausgehen von Rhythmen beruhigten das Kind. Die Farben der Bälle wurden mit der Tonhöhe verschiedener Klangstäbe kurz in Verbindung gebracht. Die Hände wurden immer beschäftigt im Halten, Geben, Nehmen, Aufheben usw., so waren sie nicht frei, dem Therapeuten die Haare zu »schopfen«.

Das Kind kam allen Anforderungen nach. Die Mutter sah durch die Einwegscheibe zu. (Sie mußte zur Stunde eine ziemliche Strecke mit dem Auto fahren und brauchte immer eine zweite Person zum Mitfahren, die das Kind hielt, da es sonst zu unruhig war, nach der Mutter griff usw.) Das Kind selbst war beeindruckt von seiner Leistung und steigerte sich dadurch. Lob wurde immer spielgebunden eingeflochten. Es konnte dann bis zu einer halben Stunde konzentriert arbeiten. Das Mädchen war vom Geschehen so angesprochen, daß es mit keinen eigenen Ideen unterbrach. Es erinnerte sich auch, obwohl manchmal drei Wochen zwischen den Therapiestunden lagen. Seine stereotype Echolalie verliert sich, es gibt Anweisungen wie »andersherum«, »noch einmal«. Seine Aggressivität wie seine Unruhe waren am Ende so gebessert, daß es in einen Kindergarten aufgenommen werden konnte, wo es nach anfänglichem Rebellieren nun tragbar ist.

Ein anderes Kind, ein fünfjähriger Bub, erethisch aus hirnorganischer Ursache, geistig behindert, unterbricht laufend die Aktion. Er war zuerst nur ablehnend, »nein« und »du swindelst«, waren seine stereotypen Äußerungen. Nur über einen Ball, mit dem er Fußball spielte, war der Einstieg möglich. Dabei lag ihm aber nichts an einem Spielvollzug, lediglich der rollende Ball war ihm interessant. Er kam keiner Aufforderung nach. Es war ein Fortschritt, als der Bub den Ball in die Hand nahm, ihn warf oder rollte. Das Auffangen des Balles ist ihm bisher nicht geglückt. Über den Einstieg »Ball« war er bereit, ein wenig am Sopranxylophon zu sitzen und es zu spielen. Kleine Frage-Antwortspiele, auf einen Impuls einen Gegenimpuls zu geben, waren nun möglich. Die große Tafel reizte ihn und er »schrieb«: schnelle Kritzeleien, wie Unterschriften, auffallend viel viereckige Formen. Es stellte sich heraus, daß der Vater technischer Zeichner ist. Auch bei diesem Jungen waren dann rhythmische Bewegungsabläufe günstig: ein Umgehen des großen Teppichs mit einem Schellenstab, bedeutend getragen, (auch er vertrug kaum einen Klang) alternierend vom Kind und vom Therapeuten. Dann erweitert: der Bub umgeht, der Therapeut spielt solange am Xylophon, der Therapeut umgeht, das Kind spielt solange am Xylophon.

Nach einigen Stunden vergaß er das Ballspielen und sogar das Tafelzeichnen. Dafür schreibt er nun in den Kalender des Therapeuten, der Kritzel bedeutet seinen nächsten Termin. Dies ist insofern bedeutend, als er wiederkommen möchte. Nun freut er sich auf die Stunden, wie die Mutter sagt. Das anfängliche Schreien und Weinen hat sich gelegt. Er war eines jener Kinder gewesen, die beim Hereinkommen sofort auf das vorbereitete Material zugehen, aber nur um es wegzuräumen, in der Vorstellung, dann sei die Stunde zu Ende. Nun werden fast alle Aufforderungen befolgt, er hat eine freundliche Grundeinstellung, die sein anfängliches Neinsagen in ein Ja gewandelt haben. »Du swindelst« ist nicht mehr zu hören. Die Aufmerksamkeitsspanne hat beträchtlich zugenommen.

Der Einsatz von Musik beschränkt sich bei solchen und ähnlichen Fällen in einem rhythmisch-zeitlichen Angebot, die dem kurzatmigen Erethismus für eine gewisse Zeit Widerpart leisten. Wiederholte organische Abläufe bilden im Kind einen Sinn für Perioden, die Wiederholungen selbst werden erwartet und verstärken diesen Stabilisierungseffekt. Gerade bei wiederholten und dadurch bekannten rhythmischen Abläufen, durchaus mit Textunterlagen gekoppelt möglich, kann das Kind quasi auf seine eigene Leistung blicken und sie als einen inneren Besitz betrachten. Dies verstärkt das Objektverständnis. So ist die kleinste Grundlage für das Aushalten einer organischen Einheit wichtig, da von ihr aus die Zeitdimension gedehnt werden kann. Wirklich fruchtbar ist solches Beginnen auch hier nur in der positiven Einstellung des Kindes, erzwungene Abläufe, vom Kind nur mit Weinen wie mechanisch durchgeführt, haben keinen aufbauenden Wert.

Ein anderer Junge mit minimaler zerebraler Parese, also einer leichten Hirnlähmung und mit einer leichten Spastizität, schmiß sich mit Vorliebe auf den Boden, lachte, griff an und alberte sich so durch die Stunde. Der Einstieg war eigentlich zufällig, er war fasziniert von einer stehenden Figur, die er lange anschaute. Drei weiche Schlegel auf den Teppich gestellt und mit ihren Köpfen sich berührend, blieben so lange stehen, bis wir mit einem »Zuck« sie nahmen – er einen Klöppel, ich zwei, sie durften dabei nicht umfallen. Zweierlei Art von Konzentration war zu leisten: das Hinschauen auf das Gebilde, unaktiv, das gezielte Wegnehmen. Es gelang uns fast immer. Wenn es nicht gelang, bog er sich vor Lachen und schlug damit fast in seine alberne Haltung zurück. Die Sprache war miserabel. Er stotterte erheblich. Sein Sprechen besserte sich durch die Arbeit in der Musiktherapie. Seine unstabile Haltung wurde mit optisch-symmetrischen Abläufen angegangen, erst mit Klöppelbewegungen in der Luft, nach links, nach rechts bewegt, erst im Spiegel, also seitengleich, dann jeder mit seinem Rechts und seinem Links, also seitenversetzt, dies fand er enorm lustig und kippte fast wieder aus der Balance. Auch das Instrumentalspiel war vom optischen Ordnungsgedanken orientiert: zwei Klangstäbe vor einem und rechts und links je einer. Hier wurde strikte optische und akustische Imitation verlangt. Ein Spiel mit Einsatz von gezeichnetem Material begeisterte ihn, er nahm es ruhig und konzentriert auf, er lachte nicht mehr unbändig, er zeigt innerlich seine Freude. Man zog aus einem Kartenspiel, es wurde für die Kinder gefertigt, eine Karte: Man konnte darauf gezeichnet sehen eine Trommel oder ein Triangel, eine Schelle oder ein Becken, zwei Holzstäbchen usw., jeweils zeichenhaft symbolisch. Hatte er eine Karte gezogen, griff er nach dem vorbereiteten Instrument, benannte es, und begleitete nach seinem Gutdünken rhythmisch die Flöte des Therapeuten. Zog er allerdings zwei- oder dreimal die gleiche Karte, fand er das so komisch, daß er fast wieder das Gleichgewicht verlor. Der Therapeut wollte aber ehrlich weiterspielen und ihm nicht eine »falsche« Karte zuspielen. Dieses Spiel mit den Karten kann man vielfältig variieren. Es erhöht die Spannung und gibt natürliche Stillesituationen.

Nach zehn Behandlungsstunden war Nikola ruhiger, die Sprache war deutlicher, er wurde in eine Gruppe übernommen und war dort bis auf geringe Ausfälle kooperativ und auch fast die ganze Zeit konzentriert. Wenn er müde war, legte er sich hin. Auch hier hat die eigene Leistung während der Einzeltherapie ihn so gefestigt, daß er sicherer wurde und sich auch etwas zutraute. Er erwartete, wenn er in die Musiktherapie kam, die gleiche Vorbereitung, die sich nur in bezug auf Erweiterung veränderte, dies half seiner Konzentration. Von zu Hause hat er ein Überangebot an Spielsachen, aber keinen Menschen, der gleichmäßig genügend Zeit hätte, sich mit ihm dafür zu interessieren. Er war dann im Kindergarten tragbar und ist nun in der Schule.

Musiktherapie kann für die Basis der Konzentrationsfähigkeit viel tun: durch die der Musik immanente Qualität eines Zustandes, der sich bewegt. Die Impulse der Rhythmen werden wahrgenommen und über die thalamische Zwischenstation den Sinnesfeldern zugeleitet. Das Bewegte an den Rhythmen befähigt dazu, dauernd Impulse zu geben. Kann man sich diesem Rhythmus noch zuwenden, indem ich mir selbst oder jemandem zuschaue, so verstärkt sich die Wahrnehmungsquantität und -qualität – es ergibt sich Aufmerksamkeit, die, wenn geübt, sich zu Konzentration steigern kann.

Es ist wissenschaftlich festgestellt, daß eine optische Wahrnehmung konstant über längere Zeit nur möglich ist dadurch, daß die Augenbewegungen das Bild unaufhörlich auf der Netzhaut verschieben*. In Analogie dazu könnte man für das Akustische sagen, daß eine längere akustische Wahrnehmung nur möglich ist durch das Bewegte des Akustischen, zum Beispiel also durch rhythmische Impulse. Auch die Zellen im Gehirn, das heißt die Nervenzellen der Hirnrinde des visuellen Bereiches, reagieren am besten auf bewegte Reize. Das Phänomen der Musik aber ist, daß es ein Bild, ein Verständnis oder einen Zustand nur in Bewegung erzeugt, daß dieser nur in Bewegung erfahren werden kann. Somit muß die Aufmerksamkeit ständig da sein und synchronisieren, nach dem Abgelaufenen hin und nach dem Kommenden hin. Die Bewältigung dieser synchronen Leistung setzt Konzentration voraus, sie kann aber auch an ihr gebildet werden. Ein wiederholter Rhythmus, eine wiederholte Intervalleinheit, also ein *pattern*, hilft der Konzentration, da

* Hassler, R.: *Regulation der psychischen Aktivität*, in: Hirnforschung und Psychiatrie.

in kleinen Einheiten wiederholt gereizt wird. Eine zweite Stufe der Aufmerksamkeit ist, neu einsetzende Impulse auf diesem Grundpattern zu verfolgen. Eine über längere Zeit unbewegte Klangeinheit konzentriert aus ihrem Mangel an Impulsen weniger.

Wie abwegig manchmal eine Therapiestunde verlaufen muß und doch therapeutisch wirksam wird, mag folgender Bericht zeigen:

Ich erinnere mich der Begegnungsstunde mit einem fünfjährigen Jungen, der einen allgemeinen Entwicklungsrückstand hatte. Er wurde mir gebracht, die Begleitperson hatte, da es sich ja um eine Musiktherapie handelte, auch gleich eine Trommel dabei. Soweit gut. Aber der Begleiter schlug sie dauernd an, penetrant und wollte U. damit interessieren. U. hielt sich aber jedesmal die Ohren zu. Er wird sich schon gewöhnen müssen, dachte der Erwachsene. Weit gefehlt.

Das Kind zog sich in eine Ecke zurück, legte sich auf den Boden und drehte einen weichen Klöppel in seiner Hand. Nun konnte der Therapeut eingreifen. Ich setzte mich zu ihm und schaute ihm zu. »Er wird den Klöppel noch ganz zerzuseln, wenn wir ihm den nicht wegnehmen«. Warum sollte er ihn nicht zerzuseln? – Im Augenblick war dies das einzige, das den Jungen interessierte. Ich berührte seinen Klöppel mit meinem, wie zufällig streifte ich ihn. Er nahm es an. Eine Begegnung. Die nächste erwartete er bereits. Es ergab sich in den folgenden Minuten ein intensives Klöppelspiel zwischen uns, mit Witz und Verstand, sich begegnend, sich ausweichend, die Klöppel wurden gewechselt – ganz ruhig war es nun zwischen uns, keine Trommel störte mehr, es war zu einer Beziehung gekommen via Material. Dabei begegneten sich unsere Augen, zufällig, und beide empfanden wir das angenehm. Ich habe noch nie »Blickkontakt hergestellt« – eine Hauptforderung an den Psychologen, denen es oft in wochenlangem Bemühen mühsam gelingt. Meist in der ersten Stunde ist er da. Wie fast scheu wird ihn der sensible Therapeut annehmen, denn es ist ja ein Geschenk und das erste Zeichen der Beziehung.

Wir hatten zweierlei Kontakt, Begegnung der Klöppel, die bereits ein virtuoses Spiel miteinander trieben und ab und zu den Augenkontakt. Mit den Klöppeln entwickelte sich Rhythmus, durchsichtiges Spiel. Es ergab sich, daß ich eine Hand des Kindes fühlte, sie war rauh. Es kam mir in den Sinn, daß man die Hand eincremen sollte. Creme wurde gebracht und auf die Hand aufgetragen, erst auf die eine sorgfältig eingerieben, dann auf die andere, meine Hand profitierte von der gleichen Creme und von der gleichen Prozedur. Wieder war eine Beziehung entstanden, die das Kind annahm. Hautkontakt in sehr intensiver Weise. Ohne alle Worte, vielleicht mit ein paar Lautworten unterstützt, war dies alles vor sich gegangen. Die Trommel lag am Boden. Was geschah? Nun ging U. auf die Trommel zu, setzte sich hin, nahm die Trommel und spielte sie. Er übertrug den erfahrenen Berührungskontakt auf die Trommel. Ohne daß man es ihm gezeigt hat, spielte er mit gleichmäßigen Schlägen ruhig die Trommel an. Daraufhin ging er. Der Kontakt war angebahnt.

Die Ausnutzung der gegenwärtigen Situation ist oft das sicherste Stimulans für das Kind. Auf seine Weise hat ein Mädchen mit leichterer geistiger Retardierung und Verhaltensauffälligkeiten, 12 Jahre, die Situation gut genützt. Normalerweise war es mit einem jüngeren Buben, aber anderer charakterlicher Struktur zusammen in der Musiktherapie. Sie gaben sich in ihrer Phantasie nichts nach. Erst überwog der Bub: Gefährliche Dinge kamen ins Gespräch, Feuer, Brand, Geister, die Themen wurden ausgespielt. Das Zeichen von Feuer und schließlich das Abwischen der Tafel mit Wasser half diesen Ängsten. Er konnte ein Hochhaus zeichnen mit vielleicht vierzehn Stockwerken, hoch und schmal, mit nur zwei Fenstern an der Front. »Da oben brennt's und die Türe klemmt« – meist kam die Feuerwehr zu spät. Diese Darstellungen waren nicht abzubiegen, sie kamen unvermittelt nach musikantischen Beiträgen. Der Junge hatte starke Eigenrhythmen, Hochzeit und Hochzeitsmusik war ein beliebtes Thema bei ihm. Das Ausspielen seiner Ängste hat ihm geholfen, das Mädchen assistierte und war Ambulanz und Krankenschwester. Es traf sich, daß M. manchmal allein zur Stunde kam und sie nützte dies sofort aus. Sie erzählt ihre eigene Geschichte und fängt beim Stadium des Baby an. Stimulanz ist ihr das kleine Sopran-Metallophon, Träger ihrer singenden Sprechstimme. Die umherliegenden Objekte bekommen stellvertretende Funktion. Ein Triangel wird die Wiege, ein Triangelstab ist das Baby. Die einzelnen Klöppel sind Doktor, Hausmädchen, die Großmutter, der Vater. Sie selbst übernimmt die Rolle der Mutter. Wenn der Therapeut die Klöppel verwechselt, wird er sofort zurechtgewiesen, schnell korrigierend sagt sie: »Der blaue Klöppel ist der Vater« (Farben ohne Wertung). Namen werden ausgewählt, den schönsten Namen hat das Baby, er ähnelt dem Namen des Mädchens. Die Mutter ist viel beschäftigt, hat oft Gäste. Der Arzt kommt oft, es geschieht etwas, Zeit läuft ab. Das Baby wächst innerhalb einer Stunde einige Monate, kommt aber nie über elf Monate hinaus, es bleibt Baby. Die Zeitsynchronisation bewältigt das Mädchen auffallend, dabei hat es in der Schule kein Verständnis für Mathematik. Souverän leitet M. ihren Haushalt, schickt das Mädchen für Besorgungen, ordnet an für die Gäste des Abends, anderer Besuch kommt, es wird aufs Land gefahren, es muß telefoniert werden. Nach der Nummer befragt, nennt sie die Vorwahl und die eigene Nummer. Das Mädchen spricht dauernd singend und es begleitet sich dabei. M. bewältigt damit ihre Emotion und objektiviert sich in den oft ergreifenden Schilderungen. Später wird der abwesende Bub der Vater, der aber stirbt, sie ordnet eine Begräbniszeremonie an, wobei sie die Musik bestimmt. Später wird der abwesende Bub zum erwachsenen Sohn. Die Musiktherapie hat sich in eine Spieltherapie gewandelt ohne vorbereitete Objekte, wie Puppe, Zimmer, Küche usw. In den späteren Darstellungen braucht sie keine Gegenstände mehr, trägt imaginär das Baby, auffallend ihre Fürsorge dafür, es muß immer ganz leise sein.

In Absprache mit dem Psychologen wurde daraufhin ein schulischer Wechsel vollzogen, das Mädchen ist fähiger, als es sich meist gibt. Im ganzen ist M. aufmerksamer, sie kann sich bei schulischen Leistungen besser konzentrieren, ihr fahrig-auffallendes Wesen hat sich gebessert. Sie lebt von diesen Stunden und entbehrt sie, wenn sie ausfallen. Die Babyphase wird nicht mehr ausgespielt, Musik ist jetzt ganz im Vordergrund. Es wird versucht, das mathematische Verständnis neu zu beleben.

8. Verhältnis Eltern — Therapeut

Wenn Eltern ihr Kind zur Musiktherapie bringen, kommen sie mit einer Erwartung. Sie sind inzwischen durch die Ambulanz gegangen, eine Anamnese wurde aufgestellt, das Krankheitsbild wurde nach rückwärts in die Vergangenheit hin beleuchtet bis zur Geburt und Schwangerschaft, um Aufschlüsse zu bekommen. Die Diagnose, die aufgrund dieses Bildes und verschiedener Untersuchungen und Testvorgänge aufgestellt wurde, bedingt nun eine Therapie je nach Art des Falles.

Musiktherapie wird in den Fällen indiziert, wo es Kontaktschwierigkeiten gibt und das Sozialverständnis fehlentwickelt ist – das Kind ist zu scheu oder zu direkt und aggressiv – wo Koordinationsschwierigkeiten vorliegen, die sich in Ungeschicklichkeit äußern, im Schulalter in Legasthenie zum Beispiel, wo Sprachbehinderung und Hörschäden vorhanden sind, wo ein allgemeiner Entwicklungsrückstand festgestellt wurde. Es gibt kaum einen Fall, wo Musiktherapie nicht indiziert werden sollte und wo die Orff-Musiktherapie nicht angreifen und bessern könnte.

Je nach Art der Behinderung und des Falles wird das Kind in eine Gruppe oder in eine Einzeltherapie eingeteilt. In einer Gruppenstunde versammeln sich vier, fünf, sechs Kinder vor dem Therapieraum, sie haben sich umgezogen und verlassen nun für eine Stunde Mutter oder Vater, um gemeinsam eine Therapiestunde zu erleben. Daß die Kinder ohne Beisein der Eltern therapiert werden, geschieht aus folgenden Gründen:

Die Kinder sollen unter sich in einen Bezug kommen,
Die Kinder sollen sich unbeobachtet fühlen.

Wenn eine Mutter an einer Gruppenstunde teilnimmt, wird sie vor allem ihr eigenes Kind beobachten. Sie wird feststellen, daß ihr Kind schneller, langsamer, geschickter oder ungeschickter als die anderen Kinder reagiert. Sie wird in den seltensten Fällen dies für sich beobachten und für sich behalten, sie wird es dem Kind gegenüber kommentieren (ihre Beobachtungen mögen richtig sein): Warum hast du nicht . . ., hast du nicht gemerkt . . ., oder sie wird es zu Hause kommentieren, am Abend im Kreis der Familie und das Kind wird es hören. Das Kind bekommt zu seiner Leistung ein gespiegeltes Bild, eine Wertung, dabei sind positive Kommentare gleich abträglich. Dem Therapeuten kommt es nicht darauf an, daß ein Kind sich im besten Licht zeigt – immer wieder hört er letzte Anweisungen der Mutter »mach schön mit, sei schön brav, paß schön auf« –, sondern daß es sich wahrhaftig zeigt, daß es überhaupt etwas zeigt von dem, was es ist, denkt, sein will, nicht hat, nicht will usw. Der Therapeut registriert dies, merkt es sich und wird das Kind, in dem Sinn, wie es sich offenbart, zu leiten versuchen.

Die Kinder selbst sind, bei Anwesenheit der Mutter, mit einem Auge bei ihr: ›was wird sie meinen, ist es recht so‹? Die Beweggründe können oft ganz positiver Art sein, doch das Kind muß seine Aufmerksamkeit teilen zwischen der Mutter und der Gruppe. Die Mutter ist ja Außenseiter, etwas anderes ist es, wenn die Mutter mitmacht. Dies ist in Einzelfällen möglich, doch kann dies unstabile andere Kinder eifersüchtig machen. Nicht trennen muß das Kind zwischen den anderen Kindern in der Gruppe und dem Therapeuten, er ist für alle da, mitten dabei, verbindend, aber auch Distanz schaffend.

Es soll und meist ist dies so, zu einem Erlebnis in der Stunde kommen, mit diesem Erlebnis geht das Kind hinaus. Vor der Türe – da ist wieder die gewohnte Welt. Diese sollte nun dem Kind nicht den außerordentlichen Zustand, den es erlebt hat, rauben. Mit Worten wie: »Warst du auch brav, hast du mitgemacht, zieh dich schnell an, gib die Hand, sag danke« wird ein Kind überfallen und in seinem Zustand abrupt unterbrochen. Eine Mutter sollte sehen, daß die Augen ihres Kindes lebendig sind, glänzen, daß es mit seinen Augen in die Augen der Mutter tauchen möchte, in einem stillen Einverständnis die Mutter teilhaben lassen möchte »daran, daß es schön war«. Oft stürzen die Kinder in die offenen Arme der Mutter, ein bester Abschluß. Das Kind will gar nicht sagen: Ich habe es schön gemacht, Ich war der Beste, der Erste, der Einzige, oder ich habe es nicht verstanden, bin nicht mitgelaufen. Vielleicht wird es auf der Heimfahrt ungefragt etwas mitteilen oder erst zu Hause etwas sagen, vielleicht zu seinem Teddybären oder seiner Puppe. Das Kind – ich darf das sagen aus vielerlei Bestätigung – freut sich auf die nächste Begegnung, für viele Kinder ist es die schönste Stunde der Woche. Oder es bangt ein bißchen vor der nächsten Stunde, aus irgendeinem inneren Grund: vielleicht war ihm die große Trommel zu laut, oder es bedauert, daß es das Triangel nicht gespielt hat, daß es nicht so gut hüpfen kann. Es wird aber wiederkommen und da kann man es gutmachen.

Die Kinder erleben in der Therapie, insbesondere in der Gruppentherapie etwas, was ihre Welt ist, und bis zum gewissen Grad ihr Geheimnis. Den Eltern sollte es genug sein, daß ihr Kind freudig wieder auf sie zukommt und die nächste Stunde mit Spannung erwartet.

Wenn Gelegenheit ist, wird der Therapeut mit den Eltern sprechen. Er sollte unter allen Umständen vermeiden, daß das Kind zuhört. Worte der Eltern wie: Aber mein Kind ist so langsam, wild, unbeherrscht oder was immer, stempeln das Kind mit dem Wort in dieser entsprechenden Art. Das Kind hat es so oft gehört von einer Umgebung, die ein Kind ja prägt. Es richtet sich nach diesen Qualitätsbezeichnungen aus. Deshalb ist es gut, daß ein Kind sich in einer Therapiestunde anders zeigen kann – neu – sein ihm allmählich angewachsenes Verhaltenskleid abwerfen kann. Nicht immer, aber oft ist es so. Gerne sage ich nach einer Stunde zu allen Müttern gemeinsam »gut war's, alle haben fein mitgemacht«, ohne dabei einzeln zu werten. Gibt sich Gelegenheit, über ein Kind zu sprechen, sollte man wahrhaftig das Verhalten des Kindes und seinen Beitrag kommentieren, sich von der Mutter erzählen lassen, was sie erzählen möchte und von dieser Seite her das Bild des Kindes ergänzen.

Es kann in Ausnahmefällen aber sein, daß eine Mutter anwesend ist, weil das Kind so scheu ist, daß es in die erste Stunde niemals allein hereinkommen würde. In gewissem räumlichen Abstand schaut die Mutter zu, oder beide sitzen abseits, oder beide spielen mit. Schwierig ist es mit adoptierten Kleinkindern. Es ist verständlich, daß sie Angst haben – hier wird man von Fall zu Fall entscheiden müssen.

Es gibt Therapien, wo Vater oder Mutter zum Kotherapeuten werden, wo zu Hause geübt werden kann und geübt werden soll. Bei der Musiktherapie scheint mir der Fall anders zu liegen.

In der Gruppensituation kommt es zu Erlebnissen, Zuständen, Ereignissen, die zu Hause nicht nachzuvollziehen sind. Das Kind leistet seinen Beitrag, weil es animiert ist durch den Klang, den alle erzeugen, durch die Spielsituation, die sich ergibt, durch die verschiedenen sozialen Bezüge, es geht komplex-erfüllt nach Hause, und nicht nur mit gelernten Rhythmen oder Intervallschritten. Will aber das Kind von sich aus etwas zu Hause machen, was in der

Stunde gemacht wurde und es braucht dazu einen Partner, sollte man sich als Vater oder Mutter dafür immer Zeit nehmen und sich vom Kind leiten lassen, vielleicht will es auch die Geschwister miteinbeziehen in das Spielgeschehen, das es in der Erinnerung aufgezeichnet hat. Man sollte wenigstens Zeit haben hinzuhören. Die Teilnahme, die das Kind in einer Gruppenstunde gespürt hat, kann man durch solches Mitmachen reproduzieren, dadurch wird das Kind auch in einen Zustand des Übens versetzt. Es gilt nicht nur, irgendeinen Rhythmus zu Hause richtig zu reproduzieren, sondern sich mit dem Rhythmus innerhalb eines Geschehens richtig zu verhalten, sich einzuordnen.

Ist einem Kind etwas Besitz geworden, dränge man nicht auf Wiederholungen, wenn das Kind dazu nicht bereit ist. Einen Besitz sollte ein Kind gebrauchen können, wie es will. So hatte ein Kind während einer Autofahrt zur Therapie etwas gesungen, das in der vorhergehenden Therapiestunde gemacht worden war, und nun auf dieser Fahrt sich singend darauf eingestellt. Es war eine Gruppe mongoloider Kinder, wobei die Eltern durchgesetzt hatten, dabei zu sein. Während der Stunde hatte jedes Kind Gelegenheit, einzeln dieses Lied zu singen. Als B. darankommt, möchte sie anfangen, schaut um zur Mutter, zögert und bringt nichts. Ohne dem Kind Zeit zu lassen, unterbricht die Mutter den Zustand mit den Worten: »Du hast's doch im Auto die ganze Zeit gesungen, sing doch, du kannst es doch.« Die Mutter war getroffen, daß ihr Kind nun nichts leistete, angesichts der anderen Kinder und insbesonders der anderen Mütter. Vielleicht hätte das Kind auch seinen Beitrag zur rechten Zeit und jetzt geleistet, wenn es nicht unter dem Leistungsdruck der anwesenden Mutter gestanden hätte. Ich kann mir vorstellen, daß auf der Rückfahrt die Vorhaltungen ›warum hat du es nicht gemacht‹ fortgesetzt wurden.

Doch gibt es auch ganz positive Situationen mit Müttern, und zwar wenn die Mütter mit im Kreis sitzen und mitmachen. Durch das Teilnehmen fällt der kritische Blick, der sich durch die Distanz ergibt, weg. Die Mütter untereinander kommen in einen Bezug. Bei Kindern mit Tetraplegie und Tetraspastik, die sich oft nicht einmal im Sitzen halten können, sind Eltern eine Hilfe im kotherapeutischen Sinn. Sie versuchen, zu Hause unter ähnlicher Animation notwendige Bewegungen zu stimulieren. Auch bedeutet es den Müttern bei diesen schwierigen Behinderungen viel, über gleich oder ähnlich gelagerte Fälle sich auszusprechen und oft nützliche praktische Erfahrungen auszutauschen.

Eine Möglichkeit, die Eltern sonst teilnehmen zu lassen, ist die Einwegscheibe. Sie ist von einem kleineren Nebenraum her durchsichtig, vom Behandlungsraum her nur spiegelsichtig. Das Kind ist mit dem Therapeuten allein, die Eltern beobachten. Danach kann man über das Tun und das Verhalten des Kindes sprechen. Von einem solchen Beobachtungsraum können auch Videotape-Aufzeichnungen ungestört durchgeführt werden. Man kann die Situation umdrehen, indem man als Therapeut durch die Einwegscheibe das Verhalten Eltern-Kind beobachtet. Das Gefühl des Beobachtetwerdens verliert sich, sobald man im Therapieraum ist.

Eine enge Verbindung zwischen Therapeut und Mutter ist notwendig. Das Kind spiegelt sich in beiden verschieden. Es ist jeweils sein Gesicht, das eine in der vertrauten, das andere in der außerordentlichen Situation. Man lasse dem Kind Geduld, diese beiden Zustände zu vereinen. Therapeut und Mutter sollten vermeiden, das Gesicht, das sich ihnen zeigt, als *das* Gesicht zu werten. Ein Kind, das zu Hause wenig gefordert ist und geschont wird, empfindet die Therapiestunde relativ herausfordernd, es muß seine Balance finden. Ein Kind, das zu Hause viel korrigiert wird, nach der schlechten oder guten Seite hin dauernd kommentiert, wird sich in der meist nicht-direktiven Art, in dem nonverbalen Klima der musiktherapeutischen Situation ungewohnt fühlen, es muß sich auch hier wieder ausbalancieren. Es liegt an den Balancekräften des Kindes, die Impulse und Zustände einer Therapiestunde zu verarbeiten innerhalb seines häuslichen Klimas. Wenn es von zu Hause dabei unterstützt wird und die Unterstützung mehr in der abwartenden Haltung als in der wiederholenden, fordernden Haltung liegt, kommt es in keinen inneren Konflikt. Die Therapie ist dann am wirksamsten und optimal nachhaltend. Die Kinder werden von den Eltern leiblich genährt, die Aufnahme und die Verarbeitung der Nahrung geschieht *im* Kind ohne ihr Zutun. Die Kinder werden therapeutisch mit einer ihnen notwendigen Nahrung versehen, die Verarbeitung dieser Güter geschieht im Kind allein.

9. Fallbeschreibungen

Bei L. handelt es sich um einen Buben, bei dem nach einer mit drei Jahren durchgemachten Meningitis eine Innenohrschwerhörigkeit festgestellt wurde. Seine Mutter ist einseitig taub und fast blind. Der Befund des Zehnjährigen lautet: Störungen der Sprachentwicklung nach Meningitis, seither schwerhörig und Rückbildung der Sprechentwicklung. Der Bub verstehe keine Fragen, führe keine sprachlich gegebenen Aufträge aus, gelegentlich verstehe er Aufträge, wenn sie mit Gebärden unterstützt und persönlichkeitsgebunden sind. Geräusche und Töne beachte er nicht, klatsche nicht, ein vorgespielter Klang wird nicht nachgeahmt. Eine ergänzende Diagnose vermutet Seelentaubheit mit fehlendem Sprachverständnis und empfiehlt, den Buben auf keinen Fall wieder in eine Taubstummenanstalt einzuweisen. Die Ätiologie ließe sich nicht klären, d. h. die Ursache der Hörstörung und des daraus resultierenden Verhaltens sei nicht festzustellen.

Die Beobachtungen des Falles L. liegen zehn Jahre zurück, sie können aber dank detaillierter Aufzeichnungen rekonstruiert werden. Zudem sind die wesentlichen Ereignisse plastisch im Gedächtnis aufgezeichnet.

L. war in einer Gruppe von acht Kindern, mit verschiedenartiger Behinderung, Durchschnittsalter zehn Jahre. Die Kinder waren in einer Heimsituation und dort auch eingeschult. L. war als gehör- und sprachgeschädigtes Kind in die Gruppe mithineingegeben worden. Er trug ein Hörgerät und wurde von mir wie die anderen Kinder behandelt. In meinen Notizen schrieb ich nach der 1. Stunde: L. geht klatschend aus der Stunde, klatscht draußen versonnen weiter.

L. wurde nun dem, was in der Gruppe geschah, ausgesetzt. Zu gesprochenen Texten wurde mitgeklatscht, die Instrumente wurden exploriert, die Spieltechnik wurde aus der akustischen Eigenart der einzelnen Instrumente heraus erfahren: Der lange Nachklang des Metallophons zum Beispiel verlangt weniger Schläge als der kurze Klang der Holzstäbe eines Xylophons. Auf den Stabspielen wurden Melodien erfunden und Melodien nachgespielt, erst im pentatonischen Raum, von C ausgehend, von F ausgehend, von G; die gefundenen Melodien eines Einzelnen wurden von der Gruppe in einem bordunartigen Ostinat begleitet. In lebhaft verlaufenden Stunden, in denen jedes Kind jederzeit mit Einwürfen, Ideen oder Vorschlägen unterbrechen konnte, wurden die Kinder eine Spielgemeinschaft. Die Konzentration und die Toleranz gegeneinander nahm zu, so daß auch die rein musikalische Leistung »anhörlicher« wurde. Die Kinder waren frei und fühlten sich frei, einen vorgeschlagenen Grundrhythmus nahmen sie als verbindlich an, ebenso die Beschränkung innerhalb eines Tonraumes. Dies gab ihnen die Freiheit, sich zu äußern. Es ergaben sich von selbst lebendige rhythmische Strukturen in verschiedenen Werten:

In kleinstem Raum
pflanz einen Baum
und pfleg ihn fein,
er trägts dir ein.

Im Baum sind Vögel – es bot sich an, verschiedene Vögel zu spielen, wie Vögel zu pfeifen, den Specht am Holzrand eines Xylophons zu spielen usw.

L. nahm an allem teil, er wurde nicht besonders geleitet, er schaute sich ab, was er konnte. Der anfänglich ganz verschlossene Bub mit indifferentem Gesichtsausdruck wurde fast spitzbübisch, mit wachem Gesicht und voller Anteilnahme am Geschehen. Die Gruppe tat ihre Wirkung.

L. hatte durch die Behinderung der Mutter ermunternde Worte, Verse und Rhythmen entbehren müssen. Die akustische Umgebung in unseren Stunden sog er in sich ein. Auffallend war sein intaktes inneres Gehör. Wenn er eine Melodie spielte und aus Versehen einen anderen Stab als den erwarteten anspielte, zuckte er sichtbar zusammen ob dieser Irritation. Er erwarb sich in diesen Stunden selbst durch dauerndes Probieren eine Kenntnis der Intervallbeziehungen und spielte dann fehlerfrei Melodien.

Seine soziale Aufmerksamkeit nahm zu. Bei einer Probe zu einem Weihnachtsspiel, bei dem er selbst mitspielte, hörte und schaute er intensiv auch den anderen zu. Bei den weiteren Proben zu diesem Spiel fiel auf, daß er hinter dem Vorhang im Takt der Musik mitschwang, optisch zusehen konnte er nicht. Das Kind offenbarte dabei mehr über seinen hörorganischen Zustand als es eine Testsituation konnte.

Beim Echospielen – der Therapeut spielt vor, das Kind nach (auch in umgedrehter Reihenfolge) –, hätte L. auf nur Optisches ausweichen können und sicherlich hat das Optische mitgeholfen. Das Erschrecken bei einem falsch gewählten Ton aber zeigt, wie stark das Akustische mit im Spiel war. Nach der dritten Stunde verzichtete er auf sein Hörgerät.

Bisher hatte L. den Anforderungen und Aufforderungen gut entsprochen, er hatte nachgespielt, er hatte erfunden. In der zehnten Stunde überraschte er mit einem selbst spontan gefundenen Kontrapunkt am Altxylophon in verkürzter Form zu der Melodie »Spiel mir auf«

Er hatte den Rhythmus und die Melodie so empfunden, daß er sich getraute, zu unterteilen und so mitzuspielen.

L., der längere Zeit in einer Taubstummenanstalt war und auch aus seinem häuslichen Milieu keinen Zuspruch hatte, war im Laufe der Jahre vollkommen verstummt. Daß er hörte und zuhörte wurde immer offensichtlicher und an nachfolgend beschriebenem Spiel geprüft: Wir spielten ein Spiel mit Glockenschlägen, die einzelnen Kinder wünschten geweckt zu werden, und wir übertrugen die Glockenschläge dem L. »Um sechs Uhr« – es kamen sechs Akkordschläge von ihm, »um neun Uhr« – es kamen neun Schläge. Er machte es immer recht.

Zum Durchbruch der Sprache innerhalb unseres Zusammenseins kam es bei folgender Situation:
Ein Text*

Wolf, Wolf friß mi nit!
Hundert Taler gib i dir nit,
zehn will ich dir geben,
laß mich nur am Leben.

* aus Allerleihrauh.

wurde in einer sinnfälligen Melodie, wirksam unterstützt mit einem kräftigen Ostinato, gesungen. Der Wolf wurde in Person gespielt. Zähnefletschend lief er im Kreis und jagte seinen vermeintlichen Opfern Furcht ein. Der dazu ausgewählte Junge – schwere Verhaltensstörungen und Aggressionen, schubartig besserte sich sein Verhalten – spielte so, daß man tatsächlich Angst bekam. Er bleibt dann auch vor dem stummen L. stehen und sagt: »du mußt mir geben.« Das Spiel verlangte ein rhythmisches Auszählen von zehn, etwa:

1, 2, 3, – 4, 5, 6, – 7, 8, 9, – 10!
1, 2, 3, 4, 5 – 6, 7, 8, 9, 10!
1–2/3, 4, 5 – 6–7/8, 9, 10!

Und nun geschah das Unglaubliche: L. zählte in einem Bogen spontan von eins bis neun – 123456789 – hier stoppte er und suchte gespielt lange nach seinem zehnten Taler, wo war er? Nicht in der rechten Tasche ... nicht in der linken ... nicht in der Hosentasche ... nicht rückwärts ... nein, wo? Da, im letzten Moment fand er ihn in der kleinen Brusttasche und überreichte ihn schelmisch mit dem Wort »Zehn«! Das Spiel ging weiter. Die Kinder bemerkten aber doch das Sensationelle, und als wir das Band, das mitgelaufen war, abhören, sagten sie: »L ... du hast gesprochen, sprich nochmal!« aber er blieb stumm. Das Spiel wurde weiter ausgespielt, der Wolf war müde geworden und legte sich hin und schnarchte – wieder laut und heftig. Die Kinder näherten sich ihm, stahlen ihm das Geld und machten sich über ihn lustig. Da wieder war die monotone Stimme von L. zu hören: »Der Wolf soll sagen, zum Kuckuck, wo ist mein Geld!« Er war so dem Spiel hingegeben, daß er seinen Mutismus überwand und sprach.

Ergebnis
Die musiktherapeutischen Stunden haben den Jungen zum Akustischen hin gelenkt. Er wollte mittun. Seine sensorische Hörstörung wurde durch sein Interesse aufgewogen, seine angeborene Musikalität half ihm dabei. Das Spielen mit den melodischen Gebilden, sein Vergrößern und Verkleinern von ihnen, sein Paraphrasieren zeigte ihn als musikalisch. Seine in der Diagnose bemerkte deutliche Ungeschicklichkeit der linken Hand war beim Spielen unauffällig. Der

Kontakt mit der Gruppe, anfänglich zögernd, wurde freundlich. Seine allgemeine körperliche Geschicklichkeit nahm zu, er sprang schließlich durch einen sich vorwärts drehenden Reifen im Hechtsprung und landete auf einer Matte.

Die Musiktherapie konnte die Diagnose abklären. Die musikalische Betätigung gab dem Jungen Selbstbestätigung und soziale Erfahrung. Einige Jahre später wurde er Lehrling und bewährte sich gut.

A. K.
Diagnose
Geistige Behinderung, Entwicklungs- und Sprachrückstand, Verhaltensstörungen.

Aus den Aufzeichnungen
1. Wir hätten ihn am liebsten entfernt aus der Gruppe, den A. Fast pausenlos brummte er seinen Unwillen laut vor sich hin und hielt sich demonstrativ die Ohren zu. Er faßte niemanden an, er duldete keine Berührung, er war unleidlich. Immer schaute er zur Türe und wollte hinaus.
2. In der zweiten Stunde ist er bereit, mit uns am Boden zu sitzen, er faßt aber noch nichts an. Immer wieder krächzt und brummt er.
3. In der dritten Stunde ist er bereit zu spielen, aber nur wenn ich seinen Klöppel mitführe. Er ist passiv und schlaff.
4. Beim Spiel »Die Trommel geht um, schau dich nicht um« – einer umgeht mit der Trommel den Kreis, bleibt schließlich bei einem stehen, sagt »Du schau um«, dieser Gewählte geht dann – wird A. heute zweimal gewählt. Für ihn ist das Aufstehen schwierig, er läßt sich von mir helfen und ist dann bereit, mit mir herumzugehen. Er lächelt etwas. Gelegentlich noch hält er sich die Ohren zu, sein Brummen ist besser.
5. Heute beim Lied »Es geht ein Bibabutzemann« geht auch A. in die Mitte und »rüttelt sich und schüttelt sich«. Dies tut er nicht, aber er steht in der Mitte und hält dies aus, solange wir das Lied singen, er dreht sich zu mir, und ich bekomme einen lieben Blick.
6. Spiel mit der Trommel, freie Wahl die Trommel zu behandeln. A. hat einen eigenen Einfall: er stellt die Trommel auf seinen Kopf.
7. Heute beim Vers: Eins, zwei, drei, die Henne legt ein Ei, die Henne legt ein weißes Ei, eins, zwei, drei spielt A. mit Führung mit.

Wir haben drei Klangblöcke und suchen uns einen aus, in den die Henne das Ei legt, dieser wird angespielt.
8. Jeder begleitet mit eigen gewählten Gesten eine Flötenmelodie. Anton heute sehr grimmig.
9. Nach einer längeren Pause kommt A., heute glücklich, freut sich, wieder hier zu sein. Kein Brummen, kein Ohrenzuhalten. Er macht mit, auch beim Gehen. Jeder spielt seinen Namen individuell auf der Trommel, ein Kind nimmt nur die Fingerspitzen, ein Kind die Faust, Anton nimmt das Knie!
10. Wir gehen eine »Schlange«, alle hintereinander, einer führt. Auf ein Zeichen legt sich die ganze Schlange »Rast und Ruh« ... Da A. nicht in die Hocke gehen kann, legt er sich ganz hin, obwohl es für ihn sehr schwierig ist und auch Mut verlangt.
11. A. macht glücklich mit, wir spielen »Nacht«, beim großen Bekkenschlag wird es Nacht. Tiere kommen, A. macht mit und spricht einige Laute.
12. Der Vers: Wiß ihr was,
wenns regnet, wirds naß,
wenns schneit, wirds weiß,
wenns brennt, wirds heiß.

wird ausgespielt. Man muß raten, ob es regnet oder schneit, auch Sturm und Wind wird eingebracht. Die geistig behinderte Gruppe ist aktiv geworden. A. spielt mit großen Schlägen auf der Trommel, er faßt sie nun selbstverständlich an, er kommt allen Aufforderungen nach, er hat guten Blickkontakt. Ab und zu spricht er einige Worte, unbeholfen. Er hört auch zu, wenn andere spielen. Wenn wir Nacht spielen, uns hinlegen und schlafen, dann wieder mit den kleinen Zimbeln geweckt werden, liegt A. nun auch ruhig.
13. Heute ist A. zu folgendem bereit: er geht mit seiner Trommel, hocherhoben die Trommel, er spielt sie kräftig mit einem Klöppel an. Nichts mehr von schwachem Kind, fast trotzig fest spielt er, ganz allein und behält auch den Klöppel in der Hand. Wenn er einen letzten Schlag macht, der für uns ein »Halt« bedeutet, sollen alle stehen bleiben. Bei A. gibt es heute viele solche letzte Schläge, er genießt es, daß die anderen daraufhin stehen bleiben.
14. Heute will ein anderer Bub Anton anfassen, er will es nicht und fällt wieder in sein altes Brummen.
15. A. macht immer gut mit, er spielt das Baßxylophon kräftig, läßt sich aber nur von mir anfassen.

16. Heute ist A. gut in einem Kontrastspiel: Einen Schlag er, einen Schlag der Therapeut, in gutem Widerpart. Nun muß man ihn schon bremsen in seinem Fortespiel, er schaltet dann um zu einem angenehmen piano.
17. A. gibt jetzt einen Rhythmus an, den ich imitiere, da ich es richtig mache, lacht er, weil ihm das gefällt.
18. Anton liebt die Trommel, aber die kleinen Schellen lehnt er strikt ab. Er begleitet mein Flötenspiel gut und richtig auf der Trommel, die anderen Kinder gehen, springen, hüpfen.

Ergebnis
A. hat Kontakt zum Therapeuten bekommen und dadurch auch zur Gruppe. Bis zuletzt scheute er sich noch, einem Kind die Hand zu geben oder jemanden anzuklatschen. Nur von mir duldete er Berührung. Zum Objekt aber hatte er eine gute Beziehung bekommen und handhabte es mit festem Zugriff. Er war mit im Geschehen und agierte zuverlässig. Noch hatte er Antipathien gegen gewisse Gegenstände, doch sein aggressives, provozierendes Verhalten, gepaart mit Passivität, hat er abgelegt.

Corinna war vom Pferd gestürzt und hatte eine Hirnquetschung erlitten, die einen schweren organischen Hirnschaden verursacht hatte. Sie benützte nur stereotype Redewendungen und hatte laut Diagnose eine sensorisch-aphasische Sprachstörung. Sie war siebzehn Jahre alt.

In eine Gruppe mit schwer erziehbaren Mädchen im Pubertätsalter, mit Entwicklungsrückstand, kam eines Tages ein nettes Mädchen – Corinna. Sie sei beim Reiten gestürzt, vom Pferd gefallen, habe einen Gehirnschaden und ihr Gedächtnis verloren, hieß es. Sie wußte nicht, wohin sie ging, woher sie kam, was gestern war und was sie früher getan hatte. Als ich sie aufforderte, etwas zu tun, sagte sie »ja, ich weiß nicht«, »ja, ich kann nicht«.

Wir machten ein Frage-Antwortspiel auf den Instrumenten: Ein Mädchen geht im Kreis, an den aufgestellten Xylophonen, Metallophonen usw. vorbei, in der Hand einen Klöppel, sie bleibt bei einem Instrument stehen, spielt ein paar Töne, als Frage hingeworfen. Das Mädchen am Instrument antwortet jeweils mit ein paar Tönen. Man kann langsam fragen oder sehr schnell, man kann kurz antworten oder sehr lange. Es entwickelt sich eine spannende, witzige

Situation. Als Jutta vor Corinna stehen bleibt, sagt sie: »Ja, ich kann nicht; ja, ich weiß nicht.« Ich werfe ein, niemand wisse, was Jutta jetzt fragen wird, es gilt nur das Jetzt und darauf ist zu antworten. Ich frage: »Bist du jetzt da?« »Ja, freilich«, antwortet sie. Sie macht daraufhin nett mit. Nun soll sie gehen und spielen und fragen. »Ich kann nicht.« Ich werfe ein, »Du könntest fragen, gehen wir auf die Wiesn?« (das Münchner Oktoberfest war gerade in diesen Tagen). Ihre Antwort war, »das ist doch eine dumme Frage, wir gehn ja gar nicht; und wenn wir gehen, geh ich mit meinem Vater.« Sie nahm die Situation nicht als Spielsituation, sondern als Realität, immerhin unterbrach es ihre stereotypen Redewendungen. Ich sagte darauf, »Du hast recht«, und fragte sie nun eine richtige Frage: »Kommst du gern hierher, hast du dich gefreut.« Sie antwortete: »Ja, natürlich, ich habe mich gefreut.«

Die nächsten Stunden wiederholte sie stereotyp »ich weiß doch nicht.« Immerhin spielt sie auf meinem Instrument einige Töne – ich spiele sie genau nach, sie sagt »ja, das stimmt.«

In einer nächsten Stunde spielen wir das Lied *Kein schöner Land in dieser Zeit.* Sie bewältigt die Melodie. Sie macht bei allem mit und wirkt froh. Nach der Stunde sagt sie: »Aber wo soll ich jetzt hin, ich weiß nicht.« Ich bringe sie in ihr Zimmer. In einer nächsten Stunde sagt sie spontan: »Ich weiß, wie die Tonleiter heißt: ›c, d, e, f, g, a, h, c‹«.

Etwas später sitzt sie wieder vor ihrem Metallophon, das hatte sie am liebsten, während wir wieder mit einem Frage-Antwortspiel beschäftigt waren, versuchte sie sich an ihrem Instrument. Plötzlich stoßen sich die Mädchen an und deuten auch zu mir. Was war los? Corinna fing an und spielte fehlerlos *Kein schöner Land.* Wir alle spielten es dann mit. Sie hatte sich also erinnert, daß wir es vor einigen Wochen gemacht hatten und sie wußte auch, wie sie es auf dem Instrument spielen sollte.

Das anfängliche »Ich weiß nicht, ich kann nicht«, hatte sich vollkommen verloren. Sie interessierte sich für das Spielen, sie erinnerte sich an Melodien. In Gesprächen antwortete sie richtig, wenn es um richtige Fragen ging. Wurde sie nicht altersgemäß angesprochen, reagierte sie nicht. Einmal sagte ich zu ihr: »Die Bubengruppe ist nichts für Dich, das sind zu wilde Buben.« Darauf meinte sie spontan: »Warum nicht, ich habe auch einen Bruder.« Auf die Frage, wie alt ist dein Bruder, sagt sie »er ist 57 geboren«, nun zählt sie,

»57, 58, 59, 60, 61, 62, 63, 64, 65 – dann ist er jetzt acht Jahre, das stimmt« (ich erkundigte mich, es stimmte). Unwahrscheinliche Erinnerungen und glänzende Reaktionen zeigte sie, als es um Sprachen ging. Ganz zufällig sagte ich einmal: »Now it's finished.« Sie sagte spontan »Yes«! Ich spreche weiter englisch, sie antwortet englisch. Ich frage, ob sie auch französisch kenne, sie antwortet, »französisch bekomme ich erst in der 6. Klasse (dies stimmte zahlenmäßig auch), aber Latein kann ich.« Ich sage »hortus, hortus bellus«, und meine, eigentlich komisch, daß hortus männlich ist, sofort sagt sie »im Deutschen ist der Garten auch männlich.« Ich spinne weiter: bellissima, wäre doch schön, worauf sie sagt: »Dann sagen wir eben horta bellissima.« Ich sagte noch *pater* – sie übersetzt in *father, mater,* sie übersetzt in *mother!* Daraufhin frage ich, wie lang sie noch hierbliebe, sie sagt: »Ich weiß es nicht.«

Über die weitere Entwicklung dieses Mädchen weiß ich nichts. Ich weiß nur, daß sie in den anderen Arbeitsstunden sofort abschweifte, nichts mehr antwortete und vor sich hinstarrte. Die Musikstunden hatten sie stets wachgehalten. Die Stunden wurden durch eine jahrelange Amerika-Verpflichtung unterbrochen. Corinna sagte ein halbes Jahr später zu jemand, der es mir wieder brieflich mitteilte, »ich möchte so lange bleiben, bis Frau Orff zurückkommt.«

Detlef hat einen Entwicklungsrückstand nach einer Infektionskrankheit mit Komplikationen. Mit zweieinhalb Jahren kann er noch nicht frei laufen, spricht nicht und hat kaum Sprachverständnis. Schweres autistisches Verhalten versperrt den Zugang zu ihm.

Ein Junge mit einem kleinen schweren Körper und einem sehr großen Kopf bewegte sich langsam an der Hand des Psychologen auf meinen Raum zu. Werde ich da etwas machen können? dachte ich. Damit er sicherer sitzt, wurde er an die Wand gesetzt. Sofort beginnt er mit stereotypen Bewegungen der äußeren Handfläche an die Wand zu klopfen. Wir existierten überhaupt nicht für ihn. Er war da und eine Wand und die wurde nicht befühlt oder betastet, sie wurde wie als Begrenzung erfahren. Die gleiche Bewegung setzte sich auf dem Teppichboden fort. Hier griff ich ein: Ich machte einen deutlichen Gegenschlag auf dem Teppichboden, aber mit der Handinnenfläche. Auch das Kind machte einen solchen Schlag. Die ganze Situation hat sich bereits um 180 Grad gedreht. Es war eine richtige Umkehrung. Hier war nun eine Reizsituation entstanden, auf die das Kind einging. Eine Trommel wurde ihm hingeschoben. Er spielte auf ihr in seiner Weise, mit der Handaußenfläche. Ich reizte ihn, indem ich auch hier mit meiner Handinnenfläche die Trommel anspielte. Er imitierte wieder. Wir hatten dadurch unseren Kontakt. Er schweifte wieder ab und bespielte die Wand stereotyp mit der Handaußenfläche, kommt aber wieder zurück zur Trommel. Er duldet, daß ich seine Hand führe, zu den gesungenen Worten

klopft er auf diese Weise mit auf der Trommel. Er lächelt. Es war mehr geschehen, als ich erwartete. Der Psychologe meinte, dies sei das Beste, was der Junge bisher geleistet habe.

Ein aus den Beobachtungen hervorgegangener Therapieplan sah nun vor

1. Den Umkreis zu erweitern
Für ihn existierte die Welt als Segmentbogen mit einem Radius von vielleicht zwei Metern und einem Winkel links und rechts von höchstens 45 Grad. Was außerhalb dieses Bogens geschah, wurde nicht wahrgenommen.

2. Die Imitationswilligkeit auszubauen
Ab und zu reagierte er auf ein Angebot gestisch-akustischer Art. Dies sollte zuverlässiger werden und ihn von seinem Abschweifen und sich innerlich Entfernen abhalten.

3. Das Dialogverständnis aufzubauen
Eine zuverlässige Imitation baut ein Dialogverständnis auf, dabei ist nicht wichtig, daß die Imitation immer »richtig« ist, wenn sie nur als Resonanz innerhalb eines zeitlichen Spannungsbogens in Zuwendung geschieht.

In der 2. Stunde sind eine Trommel und zwei kleine Klöppel vorbereitet. Er wird auf den Teppich gesetzt. Er erkennt die Trommel wieder, er nimmt Kontakt zu ihr auf. Er bespielt sie mit beiden

Handflächen. Als die Flöte eine Melodie spielt, trommelt er spontan dazu. Er duldet ein Anklatschen und berührt dann die Hand des Therapeuten. Daraufhin nimmt er die beiden daliegenden Klöppel und läßt sie quasi tanzen auf der Trommelfläche, indem er sie am äußersten Ende hält und sie dabei führt wie Marionetten. Er geht dann über in ein Anspielen mit den Klöppeln, wobei er von dieser äußersten Fingerhaltung direkt in eine Handhaltung übergeht. Er hört dann dem Flötenspiel zu und schenkt dem Therapeuten einen tiefen Blick seiner großen blauen Augen. Der Blick konnte wechseln von einem verschleierten, unaktiven zu einem durchströmten Blick. Einiges Lächeln, einiges Lallen und Leiern.

In der 3. Stunde gelang eine erhebliche Umkreiserweiterung, zwei Trommeln wurden bespielt, er wandte sich zu den Klangstäben, die rechts und links von ihm angespielt wurden, er schaute zu dem großen Becken auf, als er über sich einen Klang hörte. Er wurde hochgenommen und berührte sofort mit beiden Händen das über ihm tönende Becken. Später berührte er das Becken mit seinen Klöppeln. Er folgte aber mit seinem Blick noch nicht dem etwas entfernter gehaltenen Becken.

In der 4. Stunde nahm er sofort die Klöppel und bespielte die Trommel, wobei er von einem leisen in lautere Schläge kommt, ein crescendo. Er freute sich daran. Er wandte sich der Tafelwand zu – eine grüne Tafelwand, die man beschreiben kann – und bespielte sie mit den Klöppeln. Zwei schnell gezogene runde Kreise, zwei Trommeln repräsentierend, wurden gezielt von ihm angespielt. Daraufhin spielte er wieder auf dem großen Becken, was ihn sehr beeindruckte, dem er wieder nach oben nachschaute und es dann berührte. Neu war, daß er zu einem noch tönenden Beckenklang sofort noch seine vor ihm liegenden Klangstäbe anspielte. Er beugte sich weit vor, um die Klangstäbe zu erreichen, und griff nach einem, der hinter ihn gelegt wurde.

In der 5. und 6. Stunde handhabte er alles, was um ihn war, beugte sich zu Dingen, bespielte sie initiativ. Der Therapeut übernahm dadurch die Rolle des Imitierenden. Als Detlef einmal bewußt eine kleine Terz anspielte und ihr nachhörte, imitierte der Therapeut diese selbe Terz auf der Flöte, worauf das Kind diesem einen verstehenden Blick zuwarf, etwa »das hast du gut gemacht!« Ab und zu wurden Aufforderungen befolgt, aus Zufall? Die Mutter bestätigte, daß er ab und zu auf Aufforderungen reagiere.

Der Aufenthalt für dieses Mal war zu Ende. Die Musiktherapie hatte angesprochen, als einzige Therapie. Frucht dieser Arbeit: Das Kind konnte zu Hause frei laufen.

Als der Bub nach vier Monaten wiederkam, konnte er allein in den Raum laufen, er nützte es aus. Vielerlei Instrumente standen zu seiner Verfügung. Im Gegensatz zu selbst gewählten Stereotypien, die für lange Zeit befriedigen, läßt sich das autistische Kind auf fremde Angebote nur für kürzere Zeit ein. So fand er die große Trommel, das Baßxylophon, kleine und große Becken, eine Bongotrommel, kleine Gegenstände und schließlich einen Reifen vor. Der große Fortschritt, den er gemacht hat, zeigt sich daran, daß er diese Gegenstände beachtet, annimmt oder ablehnt und daß er durch sein selbständiges Laufen seinen Umkreis maximal erweitert hat, er hat Interesse für den ganzen Raum, er geht zu den Schränken und sperrt sie sogar auf. Lautliche Angebote kommen ab und zu, auch Einwortsätze, aber noch sehr zaghaft.

Unterernährt und verwahrlost war Renée bald nach der Geburt hospitalisiert worden. Über die Geburt und die Familienanamnese gibt es keine weiteren Angaben. Als Dreieinhalbjährige kam Renée in unser Kinderzentrum und lernte hier erst das Sitzen. Sie war ein Fall schwerer Deprivationssyndrome mit einem erheblichen psychomotorischen Entwicklungsrückstand mit einer zusätzlichen frühkindlichen Hirnschädigung. Sie hatte Stereotypien, keinen Blickkontakt, keine Sprache, kein Sprachverständnis und ein ablehnendes Kontaktverhalten. Sie war so verspannt, daß man eine Tetraspastik vermuten konnte, diagnostisch war sie bei ihr auch festgestellt.

Ein dünnes Mädchen mit einem Vogelgesicht sitzt mir gegenüber. Stereotyp schlägt sie in kurzen Abständen ihr Kinn und blickt dabei abwesend nach oben. Als ich einen Klangstab anspiele, schaut sie, nimmt auch einen Klöppel und dreht ihn schnell, als ich sie reize und ihren Klöppel anschlage, verstärkt sich ihr Tun. Im Laufe der Stunde ergibt sich mit unseren Klöppeln ein erster Kontakt, indem wir wechselweise auf die Klöppel des anderen schlagen. Renée zuckt dabei, doch hat diese Provokation einen positiven Effekt, sie wird wacher, fast lustig. Sie bespielt eine neben ihr stehende Trommel, es ergeben sich abwechselnde Schläge in längerer, gleichmäßiger Folge: ein Schlag von ihr, ein Schlag von mir. Es ist nicht möglich, daß sie etwas anspielt, was *vor* ihr steht, da sie so verspannt ist, aber rechts und links von ihr geht es gut. Auffallend ihre symmetrische Behandlung.

In der zweiten Stunde wieder symmetrische Anschläge, links und rechts auf bereitgestellte Trommeln, abwechselnd mit Stereotypien. Unvermittelt verfällt sie in sie. Bei unerwarteten Tönen erschrickt sie und zuckt zusammen, man hat aber das Gefühl, daß dies eine förderliche Herausforderung sei, ein zweiter, bewußt provozierender Schlag findet sie gewappnet. Provozierend schlägt *sie* dann manchmal meine Schlägel mit den ihren auseinander, sie trifft sie gut. Sie läßt sich reizen und übernimmt dann darin die Initiative.

In den nächsten Stunden wird versucht, daß sie auf der Mittelachse, also vor ihr, mit ihren Schlägeln spielt. Ein kleines Metallophon wird der Länge nach vor sie hingestellt, sie berührt es nicht, auch nicht das ebenso gestellte Glockenspiel. Sie verfällt in ihr stereotypes Kinnschlagen, wobei ihr der Klöppel gelegen kommt. Vorsichtig wird sie darin unterbrochen. Um ihre Verspannungen zu lösen, nehme ich ihre Hände, daraufhin nimmt sie je einen Zeigefinger von mir in ihre Hände. So verbunden versuche ich in eine Kreisbewegung zu kommen, singe dabei mit sinnfälligen Worten, schüttle sie links und rechts, sie wird lockerer, sie lächelt. Ich versuche ihre Hände zu kreuzen, es ist unmöglich, sie setzt allen Widerstand dagegen. Nach längeren Versuchen wird sie weicher, und schließlich gelingt es, ihre Hände zu kreuzen – ein Durchbruch.

In der nächsten Stunde wird eine Bongotrommel so gestellt, daß wir beide je eine Fläche dieser Doppeltrommel vor uns haben. Der Plan gelingt: Renée bespielt ihre Fläche, das bedeutet, sie spielt *vor* sich, sie hat ihre Hände nah zusammen, sie ist locker. Sie geht über die Anforderung hinaus, als sie mit ihren Klöppel auf meine Fläche kommt, sie streckt ihre Hände dabei nach vorne. Hier gewährt sie ihren ersten tiefen Blick: Aus ihrem vogelhaften Gesicht wird ein sehr menschliches. Etwas später beschleunigt sie ihre gleichmäßigen Schläge auf ihrer Trommelfläche, der Klang wächst an.

Die nächste Stunde wird in Fotos festgehalten, wir sehen die vogelhafte Renée und die menschliche, angesprochen und hingegeben. Dies ist ein neues Gesicht, es hat sich in den acht Stunden intensiver Arbeit entwickelt.

Durch andere Verpflichtungen und durch eine Krankheit von Renée ergibt sich eine Pause von fast drei Monaten. Wenn sie jetzt mit den Klöppeln spielt, wirft sie nach kurzer Zeit die Klöppel hinter sich. Nachdem sich das wiederholt, wird damit vorläufig ausgesetzt. Es wird versucht, ihren engen Blickkreis zu erweitern. Eine Trommel wird nach links gehalten, nach rechts, sie folgt jeweils mit dem Blick. Es ist ihr jetzt möglich zu stehen, doch tut sie es gar nicht gern und verspannt sich sehr. Trotzdem wird sie an die große Trommel gestellt und erträgt, daß die Trommel angespielt wird, sie hält sich fest und spürt die Vibration. Spielen will sie aber nur im Sitzen. Der große Trommelschlägel ist ein neues Angebot. Sie behält ihn für die nächsten fünfundzwanzig Minuten in der Hand und spielt damit oft die große Trommel an, sichtlich ein Erlebnis. Sie benützt dabei folgende Technik: mehrmals schnelle Schläge auf die große Trommelfläche, dann läßt sie den Klöppel ausschwingen und genießt die Resonanz. Erst wenn das schwingende Fell zur Ruhe gekommen ist, gibt sie neue Impulse. Damit dies nicht stereotyp wird, werden zwei farbige Kreise auf die Trommel gemalt, exakt spielt sie auf dem größeren oder kleineren Kreis. Nach diesem intensiven Spielerlebnis sitzt sie ruhig, den Klöppel noch in der Hand, und fängt an zu lallen, Laute oder Intervalle können nicht unterschieden werden.

In den folgenden Stunden werden kleine Klöppel wieder nach kurzer Zeit weggeworfen, sie nimmt sich dann neue. Sie klatscht aber manchmal rhythmisch zu einer Flötenmelodie und ist dann bereit, mit den Händen gestisch zu imitieren und in einen dialogischen Bezug zu kommen. Heute singt sie deutlich die fallende Terz und schlägt sie rhythmisch mit dem Klöppel am Boden mit. Sie bietet dies spontan an.

Heute spielt sie auf der großen Trommel für längere Zeit bestimmte Rhythmen:

Sie ist ganz wach, mit wenigen Stereotypien, sie steht lange an der großen Trommel und hört dem Flötenspiel zu.

Wieder ergibt sich eine Pause von acht Wochen. Doch von nun an kontinuierliche Musiktherapie über drei Monate, mit beachtlichem Ergebnis. Sie freut sich sichtlich, als sie wieder geholt wird. Nachdem sie immer noch Klöppel wegwirft, wird ein Reifen als Bindeglied zwischen uns gelegt. Der Reifen wird hochgehalten, gedreht, geschüttelt, es macht ihr Spaß, sie bleibt mit ihren Händen daran.

Am nächsten Tag erinnert sie sich daran, *sie* fängt an zu schütteln, *sie* hebt hoch. Sie bringt eine neue Version: Sie pendelt den Reifen nach links und rechts, es ergibt sich ein Resonanzklang auf dem Teppichboden. Nach kurzer Zeit probiert sie dies mit einer Hand, mit der linken, mit der rechten, der Therapeut assistiert jeweils. Dann beugt sie sich vor und schlägt auf den Fußboden und auf den Teppich, bewußt, zweierlei Klänge sind das Ergebnis. Darauf nimmt sie zwei Klöppel und spielt auf der Bongotrommel, sie legt die Klöppel weg und kommt auf den Reifen zurück. Hierbei spricht sie ein Wort, das nicht verstanden wird. Nun nimmt sie wieder einen Klöppel und versucht mit diesem, den Reifen hochzuheben, dann klopft sie den erhobenen Reifen wieder herunter. Zwei Therapeuten sitzen bei ihr. Nach der Stunde steht sie unverkrampft, freut sich und wird dann zur Türe geführt, mit noch ganz verkrampften Armen.

10. Okt.: Fast täglich hat sie nun eine Stunde und sie belohnt es. Sie führt, sobald sie sitzt, spontan alle bisher getätigten Reifenaktivitäten der letzten zwei Stunden durch. Die Aufforderung »Halt« wird sofort beachtet, sie bietet viel lautliche Äußerung an, sie lächelt, sie ist wach da. Stereotypien werden nicht mehr beobachtet. Sie deutet von bereitgelegten Flöten definitiv auf die große, sie gibt sie mir und führt sie mir in den Mund. Nach einem hingegebenen Zuhören begleitet sie mit beiden Händen auf der Bongotrommel.

11. Okt.: Der Reifen wird souverän gehandhabt. Danach begleitet sie die Flöte mit der Bongotrommel. Am Schluß macht sie mit ihren Händen schnelle Schläge, einen Wirbel, die Flöte beantwortet dies mit einem Triller, einem hohen und einem tiefen. Dies gefällt ihr. Sie fordert nochmals den hohen, ganz bestimmt den hohen – kommt der tiefe, greift sie nochmals nach der Flöte und stößt sie fast in den Mund des Therapeuten. Beim hohen Triller ist sie befriedigt, sie reagiert mit schnellen Schlägen auf der Bongotrommel. Großes lautliches Angebot, beim Singen konnte die kleine Terz mit dem oberen Ganzton über der Terz gehört werden:

Geführt geht sie wieder hinaus, sie ist entspannt und singt. Dabei schaut sie die anwesenden Gäste bewußt an.

15. Okt.: Heute deutet sie auf die weiße kleinere Flöte, sie möchte diese hören. Sie begleitet auf der Bongotrommel, als sie den abschließenden Triller hört, reagiert sie wieder mit einem Wirbel auf der Trommel.

Heute wurde gehört und notiert:

Sie wirft keinen Klöppel mehr weg.

16. Okt.: Heute wurde notiert

Zu dieser großen Terz hörte man ein gezogenes Wort wie »nimm«. Es kam dann eine längere Folge gesprochen in diesem Rhythmus

Trotz gleicher Rhythmen empfand man die Folge nicht als stereotyp, da das Klangvolumen zunahm und wieder abnahm.

Dann wie gesungen

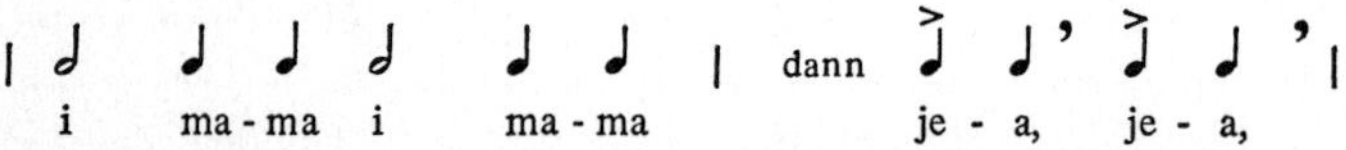

dann gesungen:

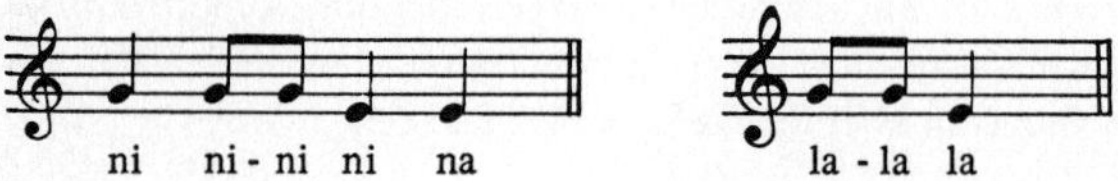

dann verkürzt
im Dreierrhythmus

dann wie ein Oktavsprung nach oben

dann umgekehrt von oben nach unten

17. Okt.: Als sie heute geholt wird, artikuliert sie ihre Freude schon in Lauten.

a a a a a auf einem Ton gesprochen.

Sie spielt auf der Bongotrommel mit einem Klöppel

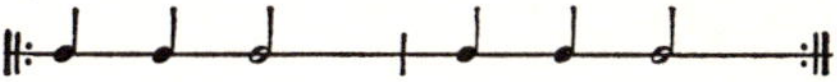

und legt danach den Klöppel hin, sie wirft ihn nicht weg. Dies wiederholt sich öfters.

Sie reagiert auf den gleichmäßigen Rhythmus des Therapeuten so:

Sie wechselt ihren Klöppel von der rechten in die linke Hand, sie nimmt den Klöppel des Therapeuten.

Sie spielt mit dem Therapeuten, erst bestimmt hintereinander, dann miteinander

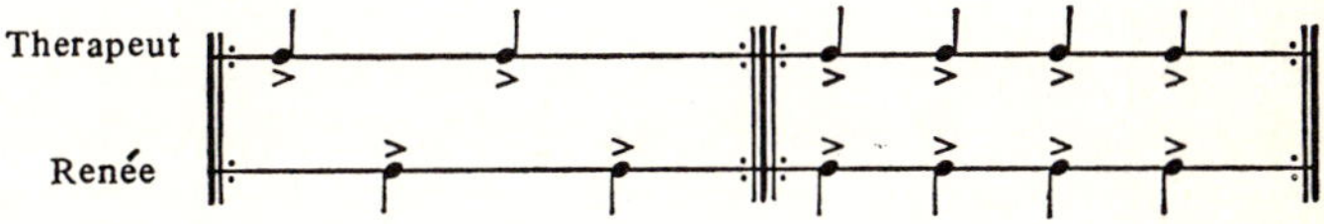

Sie spielt mit der Hand auf der Trommel und spricht dabei

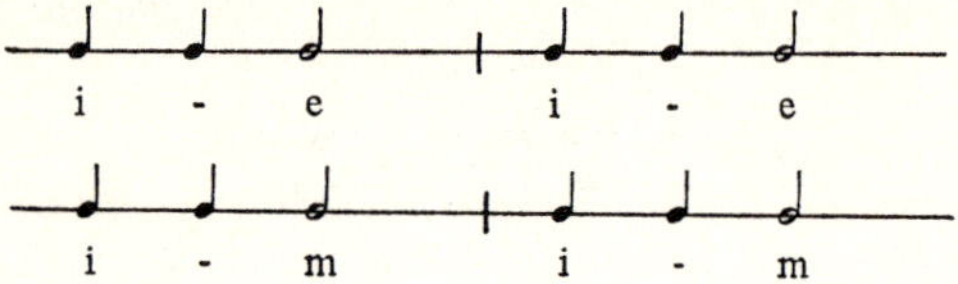

Man hört anja anja eieiei

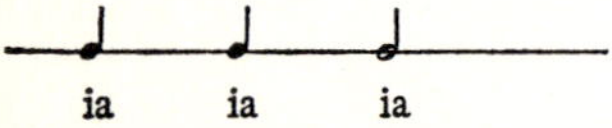

Bei diesem letzten langsamen Singen liegt sie entspannt mit dem Reifen am Boden.

23. Okt.: Sie spielt längere Zeit bestimmt den Rhythmus

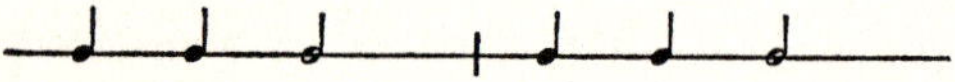

Dieser Rhythmus wird vom Therapeuten sprachlich unterstützt mit Worten wie »das ist gut«, »das ist fein« usw. Wieder singt sie beim Gehen und ist ganz locker.

25. Okt.: Wir erfahren, daß Renée seit einigen Tagen mit dem Löffel ißt. Bis jetzt wurde sie nur gefüttert, mit dünner Breinahrung. Nun ißt sie eigenhändig auch etwas festere Nahrung, noch sehr langsam. Daß sie selbst ißt und sich selbst füttert, kann als Lebensbejahung gewertet werden, sie *will* nun essen, ein Zeichen für Lebenswillen.

In der Stunde behält sie die Klöppel 25 Minuten in der Hand (sie behält auch den Löffel beim Essen, wie wir erfahren). Bedächtig nimmt sie den Reifen, sie dreht den aufrechten Reifen einmal herum, sie macht es mit der linken und mit der rechten Hand. Dabei singt sie ungefähr so:

später

dies wird als
Quint gehört

Beim Rausgehen, geführt, bietet sie eine ganze melodische Gestalt an. Dies zeigt, wieviel leichter sie sich beim Gehen tut:

26. Okt.: Wenn man ihr verschiedenfarbige Klöppel hinlegt, rote, blaue, graue, nimmt sie jeweils zwei derselben Farbe.

Auf dem Sopranxylophon spielt sie einen bestimmten Ton in einem bestimmten Rhythmus und wechselt dann auf einen anderen Ton jeweils mehrmals auf einem Ton.

Die Bongotrommel, die sie daraufhin spielt, bekommt einen anderen Rhythmus:

In einem gestisch-imitatorischen Spiel der Klöppel mit dem Partner kreuzt sie spontan ihre Klöppel, dabei wechselt sie und hat sie einmal links, einmal rechts vorne. Während der ganzen Stunde wirft sie nichts weg. In den Therapiestunden sind die Stereotypien, das Kinnschlagen, das Klöppeldrehen, das Wegstarren so gut wie verschwunden. Wenn sie nicht angesprochen ist in ihrem Zimmer, flüchtet sie sofort in diese Bewegungen.

30. Okt.: Sie freut sich jetzt immer, wenn man sie holt. Sie ist partnerbezogen. Sie imitiert gestisch zuverlässig. Kommt von ihr ein Angebot, und ist dies manchmal auch nur eine abwartende Haltung – etwa die Hände hinter dem Kopf zu verschränken –, so wird ihre Bewegung vom Therapeuten imitiert, um sie ihr bewußt zu machen.

Neun Monate sind vergangen, fünfundzwanzig musiktherapeutische Stunden wurden zusammen verbracht. Aus einem kontaktlosen, nur in stereotypen Bewegungen sich äußernden Kind ist ein partnerbezogenes Mädchen mit einem Bewegungsangebot, mit Bewegungsreaktionen, die als sinnvoll zu bezeichnen sind, geworden. Sie hat gelernt zu stehen, zu gehen, sie äußert sich zunehmend in Lauten und dabei nicht stereotyp, sie hat Blickkontakt, sie beobachtet, sie imitiert, sie unterscheidet Kontraste, sie will etwas, sie fordert. Ihre Entwicklung ist langsam, aber doch stetig. Mit ihr zusammen zu sein, ist interessant. Sie hat ihr eigenes Niveau, jeder, der sie sieht und ihr zuschaut, ist beeindruckt. Trotz weniger Äußerungen ist sie, im Rahmen ihrer Möglichkeiten, intelligent, sie erinnert sich – und dies ist die erste intellektuelle Leistung*. In einer guten Ablösung von neuem Angebot seitens des Therapeuten und dem Verarbeiten der spontanen Reaktionen des Mädchens, kann man von ihr noch mehr erwarten, die sprachliche Äußerung wird zunehmen, vorher kann es noch zu freiem Gehen kommen. Sie belohnt jede Überlegung auf ihrem individuellen Therapieweg mit neuen Leistungen.

* Lutz, J.: in: *Probleme des behinderten Kindes*, Urban u. Schwarzenberg, München 1973.

10. Das Geheimnis der Therapie

Wir bezeichnen mit Geheimnis das, was nicht vordergründig offenliegt und daher nicht ohne weiteres greifbar ist. Geheimnis hat etwas mit Tiefe, mit Kern und Dunklem zu tun, Begriffe, die auch dem Wachstum zugehören. Was hat Therapie mit Geheimnis zu tun?

Der Therapieprozeß vollzieht sich vor unseren Augen, mit greifbarem Material, im Spiel, mit Formen, mit Gesten, mit Sprache, Klang und Tönen. Therapie ist das Tun und die Wirkung des Tuns. Das Tun liegt offen, die Wirkung vollzieht sich im Verborgenen. Wann und in welcher Art die Impulse, die wir in der Musiktherapie geben, ankommen, entzieht sich dem forschenden Therapeuten. Die Reaktion eines Kindes ist ein Zeichen, daß ein Impuls angekommen ist, das Fehlen einer Reaktion bedeutet nicht, daß der Impuls keine Wirkung gehabt hätte. Eine nur an der Oberfläche stattfindende Reaktion braucht nicht in die Tiefe zu gehen, ein Impuls, der tief innen trifft, kann äußerlich ohne Reaktion bleiben.

Bei der Therapie eines Autisten zum Beispiel kann sich in ihm etwas abspielen, was nicht einsehbar ist. Auch in der Therapie eines schwer geistig behinderten Kindes kann sich etwas rühren, was äußerlich nicht zu sehen ist. Der Zeitfaktor der Reaktionen ist verschieden. So sind Reaktionen beim Autisten schneller und anders gelagert, als vom Therapeuten oft erwartet, die Einsichtstelle bleibt dadurch geheim: wo der Therapeut ein Umschauen erwartet, geschieht vielleicht nur ein leichtes Augenzwinkern. Beim geistig behinderten Kind sind Reaktionen verzögert, länger als bei der Norm, so daß der Therapeut oft die Reaktion nicht abwartet. Wieder anders sind Reaktionen beim Blinden, beim Tauben.

Die Therapie vollzieht sich in einem Zustand der Begegnung, die Situation ist die des Gegenüber, aber auch des Gegensätzlichen: Kind-Erwachsener, Bedürftiger-Helfender, Ergreifender-Gebender. Am letzten Gegensatzpaar zeigt sich schon ein Zeichen der Umkehrbarkeit, ein Zurückfluten der Wirkaktivitäten, sie gleichen sich an, sie tauschen sich aus. Der, der erst nur Nehmender war, macht nun ein Angebot, der erste Impuls kommt vom Kind, die Reaktion liegt beim Therapeuten. Die Situation des Gegenüber verwandelt sich in eine des Nebeneinander, des Miteinander. Sie wandelt sich von einer subjektiven Beziehung in eine objektive. Die objektive gelingt nur nach der Erfahrung einer subjektiven.

Handelt es sich um eine Gruppentherapie, so verlagert sich der anfänglich gegebene Mittelpunkt in der Person des Therapeuten zu wandernden Mittelpunkten, jeder zieht einmal Aufmerksamkeit ganz auf sich und ist Schwerpunkt, dann, wenn einer die Imitation führt, wenn er das Thema eines Gegenstandes behandelt. Die Rolle des Mittelpunktes wird zugespielt, oft kommt sie unerwartet auf einen zu. In der Flexibilität der Mittelpunkte liegt ein Geheimnis der Gruppentherapie. Dadurch ist Niveauangleichung möglich, der Vorlaute steckt zurück, der Schüchterne traut sich vor. Die freie Behandlung der Mittelpunkte, die offene Situation, die Verschiebung des Gleichgewichts, das Ausbalancieren der Gewichte ergeben, neben anderem, das Geheimnis des spezifischen Klimas. Die Erfahrung der Gemeinschaft durch gemeinsames Handeln, das freie Setzen von Impulsen, die von den Kindern auftauchen, die Entscheidung verlangen – und dies ist auch mit Dreijährigen möglich – ergibt dieses bestimmte Klima, dessen Geheimnis es ist, daß es wirkt: daß es belebt, daß es steigert, mildert, beruhigt. Das Klima bekommt seine bestimmte Färbung, seinen Reiz und seine Bekömmlichkeit durch die Bewegung, den dauernd unaufdringlich-rhythmischen Fluß und den Klang, der auf verschiedene Weise erzeugt wird. Der Zustand läßt sich analysieren, aber er läßt sich nicht immer bewirken. Er ist jeweils das Geschenk der Stunde.

Das Geheimnis des Gelingens liegt im Vertrauen auf den guten Augenblick, die gute Stunde. Sie wird erreicht durch eine gute Vorbereitung, gute Meditation der einzelnen Glieder einer Gruppe und in dem duldend-aktiven Zusammenhalten der Stunde, die den Therapeuten auf einen unsichtbaren Wachtturm stellt. Die Entscheidung liegt bei ihm und seiner Elastizität.

In der Möglichkeit, in unserer Orff-Musiktherapie von Anfang an aktiv mitzutun, zu handeln, zu spielen, zu entscheiden, spontan den kreativen Moment zu erfassen, liegt schon das Geheimnis – was wird entstehen, wie wird das Resultat? Im Zustand der Spannung ist man auf der Fährte des Geheimnisses. Das Explorieren ist Motivation zum Tun, das Ästhetische entwickelt sich aus dem energetischen Impuls. Dieser ist der erste. Die Belebung des Klimas in der Gruppe oder in der Einzelstunde bewirkt ein spontanes Tun, das richtig ist, da es aus der Animation kommt. Mit ihr kann man aber nicht rechnen, sie muß sich einstellen. Wann und ob sie sich einstellt, bleibt Geheimnis. Dies hilft dem Therapeuten, sich nicht auf seine Erfolge, Rezepte und Techniken zurückzuziehen. Er bleibt wach. Das Vordergründige in und an der Therapie kann vorhergesehen, berechnet und erwartet werden. Aus nur Vordergründigem kann die Therapie aber nicht bestehen.

Als wesentlich an der Orff-Musiktherapie wurde anfänglich festgestellt, daß in der ersten Stunde die Würfel fallen, daß in der ersten Stunde sich eine positive Beziehung anbahnen und ein positiver Affekt sich einstellen sollte. Dieser *Affekt* hat als Endzustand den positiven *Effekt. Facies,* das Wort für Gesicht, Ausdruck, Antlitz, bildet sich aus dem Wort *facio.* Tun und Wirkung des Tuns prägen das Gesicht.

Im Wort vollzieht sich nach, was sich in der Wirklichkeit abspielt. Die Priorität von Wort und Wirklichkeit sei hier unangetastet. Für den, dem ein Wort Wegweiser wird, hat das Wort die Priorität: Die Berührung mit einem Wort hat einen Affekt ausgelöst, der im Vollzug des Weges seinen Effekt hat. Gegangener Weg mit seiner Erfahrung kann im Wort gebunden werden, das Wort birgt dann den Weg. Wort und Weg sind ein Geheimnis.

Namen- und Sachregister

NOTIZEN

NOTIZEN

NOTIZEN

NOTIZEN

NOTIZEN